El Corazón de la Riqueza

Difundiendo la Alegría de Dios

Evan Keller

DeLand, FL

El Corazón de la Riqueza: Difundiendo la Alegría de Dios

Copyright © 2020 de Creating Jobs Inc.

Todos los derechos reservados. Ninguna parte de este libro puede ser reproducida en ninguna forma sin el permiso escrito de Creating Jobs Inc.

Publicado por:

Creating Jobs Inc
1702 N. Woodland Blvd. #116437
DeLand FL 32720
Sitio Web: www.creatingjobs.org
E-mail: info@creatingjobs.org
ISBN 978-1-7334519-9-4

Impreso en los Estados Unidos de América

Dedicatoria:

A Bill Cousineau (izquierda) y Jeff Hostetter (derecha), colegas de Creating Jobs Inc., que modelan maravillosamente el contenido de este libro tanto para mí como para los entrenadores principales que ellos están formando (incluyendo a Debora Velis, centro). Juntos, estos líderes de servicio están aprovechando su considerable visión empresarial y sacrificando parte de su poder adquisitivo para "equipar a las organizaciones globales sin fines de lucro para el desarrollo de emprendedores."

¡Es un placer co-crear con ustedes!

Tabla de Contenido

La Historia De La Portada 1

Capítulo 1 | **Construyendo La Casa De Dios** 13

¿Qué Dice *Realmente* La Biblia Sobre El Dinero? 13

Construyendo Una (Bonita) Casa: 14

Nuestra Historia 16

El Negocio Te Traga Entero 16

Crear Riqueza: ¿Un Regalo? 17

El Propósito Superior De Servir 18

Rico Por La Opresión 20

Nuestra Casa Y La De Dios 22

El Problema Es El Egoísmo, No La Abundancia 26

El Rico *No* Necio 27

Vehículos De La Gracia De Dios 29

Mirándose En El Espejo 30

Capítulo 2 | **Sanando Nuestros Corazones** 31

Cirugía Del Corazón 31

La Amnesia Del Orgullo 31

Orgullo: Un Vicio De Igualdad De Oportunidades 32

¿Para Quién El Dinero Es Un Ídolo? 33

¿Cuál Es Tu Fuente?..35
Preguntas De Reflexión 36

Capítulo 3 | **Banquete Y Ayuno - ¡Todo A La Vez!**......................41

Solidaridad Con Los Pobres..41
¿Qué Implica La Solidaridad Divina?.......................................42
Que Da Sentido A Las Grandes Disparidades........................43
Solidaridad = Compasión + Acción...46
La Postura De Jesús Frente Al Sufrimiento.............................48
¿Por Qué Sufrimos?...49
El Sufrimiento Es Malo, Pero Soportarlo Por Los Demás Es Bueno..50
¿Huir *Del* O *Hacia* El Sufrimiento?...52
Dar Con Sacrificio...53
¿La Generosidad Impide La Celebración?..............................54
La Banquete De Cristo En Medio Del Sufrimiento..............55
Jesús Era Con Frecuencia "Movido Por La Compasión".........56
Un Ejemplo Desafiante De Equilibrio....................................56
No Hay Sustituto Para El Ministerio Presencial....................57
Compartir En El Sufrimiento..58
Entrando En Las Dificultades Hondureñas...........................59
Gentil Y Amable Carlos...60
Resistente Y Valiente Leidy...64
Relaciones Dentro Del Cuerpo De Cristo 68
Compasión Más Cerca De Casa 70

Vivir En La Paradoja 70

¿Es Espiritual Ser Pobre O Rico? 71

Capítulo 4 | **Cultivar La Creación** 75

Disfrutando De La Creación De Dios 75

Yendo Demasiado Lejos 76

Cultivar La Tierra De Dios 76

La Gracia De Dios Para Karen 77

Un Doble Propósito Para Las Bendiciones Materiales 78

Nuestro Dios En La Tierra 78

El Futuro De Dios Para La Tierra 79

La Creación Que Afirma La Naturaleza De Jesús 80

Acciones De Jesús Que Afirman La Creación 81

Palabras De Jesús Que Afirman La Creación 82

Apóstoles Vs. Gnósticos Siempre-Tan- Espirituales 82

Capítulo 5 | **La Gratitud Desplaza A Las Malas Hierbas Del Corazón** 85

Gratitud No Culpa 85

Gracia En El Sufrimiento 85

La Gratitud Cura Cinco Enfermedades Del Corazón 86

Capítulo 6 | **Dando Con Alegría** 93

    "Rico En Buenas Acciones" 93

    Dar De Manera Controlada... 93

    La Generosidad Es Contagiosa 94

    ¡La Alegría Es Adictiva!! 101

    ¡Qué Privilegio! 108

    ¡Activen La Gratitud En Todo El Mundo! 108

    Crear Y Luego Compartir La Riqueza 112

    Talento + Materias Primas = Nuevo Valor Que Agrada A Dios 113

    ¿Las Escrituras Requieren De Simplicidad? 115

    Justicia = Actuar Correctamente Por El Bien Común 115

    Modelos Antiguos Y Modernos De Acción Justa 116

    Los Escollos Ocultos Del Dar 118

    La Hospitalidad Es Una Forma Clave De Generosidad 119

    Escudriñando Mis Elecciones 119

Capítulo 7 | **Conclusión** 121

    Envolviéndolo Todo Para Llevar 121

    ¿Co-Crear Con Nosotros Para Servir A Los Pobres? 123

    Una Historia Real De La Difusión De La Alegría De Dios ... 124

Sobre El Autor 127

Agradecimientos 129

Obras Citadas 131

La Historia de la Portada

Qué une a un tallador de piedra con un mecánico? Aunque ellos nunca se han conocido, esta historia conecta a dos (de mis favoritas) personas que se deleitan en prodigar generosidad a otros. Tanto Josué como Don, encarnan maravillosamente la alegría de dar que este libro explora. Ellos son maestros artesanos que aman bendecir a la gente a través de su trabajo: Las manos de Josué trabajan en piedra y las de Don dominan la mecánica. Su vínculo entre Haití y la Florida nació en febrero de 2012 cuando en Creating Jobs Inc., asesoramos a Josué Jean-Gilles en su negocio de creación de placas y regalos tallados en piedra.

En el epicentro del terremoto de 2010, Josué sufrió daños en su casa y taller de Léogâne, mientras otros miembros de la iglesia perdieron sus vidas. Importantes cimientos de su vida continuaron desmoronándose cuando su madre murió de una enfermedad probablemente curable y su esposa lo abandonó para criar sola a sus hijos. Después de escuchar a Josué predicar con pasión, un domingo por la mañana, su divorcio lo obligó a dejar la enseñanza y la dirección de su iglesia durante un año, lo que lo sacudió aún más. Se puede ver que su rostro juvenil esconde más dolor del que un joven debería soportar. Sin embargo, su alma no se ha reducido en la autoprotección, sino que él sigue dando, esperando e invirtiendo en los demás. Hubiera sido natural para él cuidar de cerca lo que le quedaba, incluyendo un monopolio regional de su tipo de tallado artesanal de piedra. Por el contrario, él extendió sus habilidades a lo largo y ancho compartiendo sus bien afinadas técnicas no sólo con sus empleados, sino también con muchos huérfanos y varios nuevos competidores a quienes él ayudó a formar. ¡Esa es una mentalidad de abundancia!

La Historia de la Portada

En el curso de su tutoría en los negocios, nos enteramos de un importante cuello de botella en su producción: ¡cada pieza de piedra se cortaba a mano (ver abajo) con una sierra para metales! ¿Pero qué opción tenía él con fondos limitados y electricidad intermitente? ¿Cómo podíamos ayudarle a superar esto para que él multiplicara su capacidad de producción?

A novecientos kilómetros de distancia, en un pequeño pueblo de Florida, encontramos la potente risa de Don Rilea junto con sus abundantes palmadas en la espalda que hacen eco en cada reunión a la que él asiste – a menudo en su garaje o en su casa con su encantadora esposa Kelly, una magistral anfitriona que le presta atención y ayuda a que los invitados se rían cuando Don dice algo embarazoso – ¡de lo cual él no se da cuenta, pero es algo frecuente! Sin embargo, él es tan simpático y puro de corazón que nadie se ofende.

Don posee el rasgo entrañable de notar y señalar siempre los puntos

La Historia de la Portada

fuertes de la gente. Su genuino amor y generosidad lo han convertido en una figura paterna para mí, y juntos hemos creado algunos recuerdos divertidos y desgarradores al aire libre. Él cuenta con entusiasmo sus historias de aventura (y de pesca), y otras que ha leído. El relato de hazañas imposibles revela su admiración por la fortaleza mental y el talento físico, que él posee. De hecho, él no dudará en decirte cómo resolver un problema práctico - o lo hará por ti. Él puede arreglar o construir cualquier cosa - ¡y lo hace por cualquiera! Aunque siempre está arreglando un coche o remodelando una cocina para sus hijos y nietos, también ha construido varias cosas para mí (ver más abajo). Su generosidad y gran corazón son muy parecidos a los de Josué; ambos invierten constantemente su talento, tesoro y tiempo en la gente.

El Corazón de la Riqueza

Momentos después de que yo compartí sobre la necesidad de Josué de un molino de piedra a pedal en la iglesia usando la figura de arriba, Don se acercó a mí y me dijo: "¡Voy a construirlo para que lo lleves a Haití! ¿Cuándo podemos reunirnos para hacer los planos?" Con su característico entusiasmo e ingenio, Don invirtió muchas horas y dólares en el diseño de una amoladora de bicicletas con mesa y carril guía para hacer un corte recto. Mejor aún, él lo hizo para que pudiera ser desmontado y cupiera en una maleta. Don se obsesionó en perfeccionar esta obra maestra y me dio instrucciones detalladas de ensamblaje y operación para su labor de amor, que fue una completa sorpresa para un vecino lejano a quien nunca había conocido.

La Historia de la Portada

En su taller, el artesano Don explica cómo operar su obra.

La sonrisa de Josué muestra la alegría que le despertó el amor de un hermano lejano, que ya no era un extraño. Él lo bendijo, porque Don se tomó muchas molestias para aligerar la carga de un hermano desconocido. El sentir que no estaba solo, ayudó a Josué en sus años más oscuros. El molinillo también fue una bendición. Él descubrió que podía pulir y cortar, convirtiéndose en la herramienta principal de su taller. Pronto lo utilizó para crear regalos (en la foto de abajo) para Don y varios miembros de su familia.

La Historia de la Portada

¡En los años siguientes, mientras mejoraba la eficiencia de su negocio, él se convirtió en un mentor local para otros 12 empresarios! Cuando yo le pregunté si eso era demasiado, si se iba a quemar, él rápidamente bromeó: "¡No, me encantan estas cosas!" Verlo ser mentor de otros (abajo) era todo un espectáculo – yo percibía su alegría, su gratitud, sus fuertes amistades, y su sinergia provechosa.

Al enfocar sus vidas en los demás, Josué y Don nos muestran cómo crear valor que sirva a la gente. En lugar de acaparar sus recursos, ellos usan sus manos y corazones para bendecir. Ellos toman materiales y talentos que provienen de la mano de Dios y se convierten en propagadores de su abundante gracia. Todo lo que ellos tienen y son, está disponible para que Dios los use. Mientras su generosidad continúa expandiéndose, Josué y Don se divierten, siempre mejorando su vida en la medida en que se convierten en claros reflejos del Jesús que siguen. Su puente hacia la vida de otros en medio de múltiples abismos, es testimonio de la unidad de la iglesia global, el bien que pueden hacer juntos, y la alegría resultante. Tales cascadas de bondad encienden mucha gratitud a Dios por su vida y amor desbordante.

Capítulo 1 | Construyendo la Casa de Dios

¿QUÉ DICE *REALMENTE* LA BIBLIA SOBRE EL DINERO?

Es fácil condenar al dinero cuando no se tiene, y justificar la riqueza cuando se combina creatividad, trabajo duro, trabajo en equipo y resistencia para construir algo, por la gracia de Dios. Catorce años de cultivar un nuevo negocio hasta la madurez han cambiado mi opinión sobre el dinero. Conveniente, ¿eh? Aunque a menudo es un ídolo peligroso, también he llegado a ver cómo la riqueza (y el poder, que es hermano) puede utilizarse para hacer mucho bien en el mundo. Sí, el dinero fácilmente puede llevar a la posesión y al orgullo, pero he sido inspirado por decenas de emprendedores piadosos que están administrando cuidadosamente todo lo que tienen y están dispuestos a servir a Dios y a dar poder a los pobres. Eso es admirable, pero ¿deberían ellos haber ido más lejos y haberlo dado todo, volviéndose pobres como muchos otros lo han hecho? Los mensajes contradictorios que escuchamos evocan muchas preguntas: ¿Es la abundancia mala? ¿Crearla es un llamado de segunda clase? ¿Es una herramienta o una trampa, un jardín para cultivar o una hierba para arrancar? ¿Es inmoral o amoral? ¿Ha madurado mi propia perspectiva a través de la experiencia de vida y una reflexión más matizada sobre las Escrituras, o soy simplemente un "vendido" ahora que mis propios ingresos han crecido? ¿Estoy cegado por mi "amor al dinero" (1 Timoteo 6:10) y engañado por la "ilusión de las riquezas" (Mateo 13:22)? ¿Cambiará mi positividad hacia Dios y sus bendiciones si lo pierdo todo por Covid-19? ¿Estoy tergiversando las Escrituras para adaptarlas a mí mismo? Dímelo tú.

El pastor John Piper afirma que "Jesús y los apóstoles consideraban la riqueza como algo peligroso y útil. Y nos enseñaron cómo minimizar el peligro y maximizar la utilidad"

(https://www.desiringgod.org/messages/lets-be-rich-toward-god).

Si estás interesado en maximizar los recursos que te han sido confiados, para la gloria de Dios, entonces podría ser útil que te unieras a mí en esta reflexión teológica. O si COVID-19 está perturbando tus finanzas, este podría ser un buen momento para reexaminar la relación que existe entre tu corazón y el dinero. El propósito de esta reflexión es inspirarnos y desafiarnos a vivir como "administradores llamados a amar correctamente a nuestro prójimo con todo lo que somos y tenemos" (Nelson, The Economics of Neighborly Love, p. 96). Para liberarnos y poder hacerlo, necesitaremos de su Palabra para revelar y eliminar las malezas del corazón que la riqueza con frecuencia fertiliza. Para ilustrar nuestro tema, yo iré a través de mi propia lucha para aplicar estas Escrituras a mi pensamiento y a mi vida.

CONSTRUYENDO UNA (BONITA) CASA:

Estoy lejos de ser un académico al escribir esto. Y el momento no es de ninguna manera aleatorio. Yo necesito pensar estas cosas en este momento crítico de mi vida. Mientras terminamos de construir una hermosa casa, quiero estar atento a la advertencia de Cristo de que "donde esté tu tesoro, allí estará también tu corazón" (Mateo 6:21). Randy Alcorn me golpea entre los ojos con sus afiladas uñas al tomar este verso: "Lo que hacemos con nuestro dinero no *indica* simplemente dónde está nuestro corazón. Según Jesús, *determina* a dónde *va* nuestro corazón" (Dinero, Posesiones y Eternidad p.101).

Entonces, ¿soy un materialista codicioso o puedo vivir una vida enfocada en el Reino mientras vivo en la arquitectura fina? ¿Soy más como los ladrones que se aprovecharon del viajero en el camino a Jericó o más como el buen samaritano y posadero que le sirvieron por la capacidad económica que habían cultivado a lo largo del tiempo? ¿Cómo puedo salvaguardar mi corazón en esta próxima temporada y ser un fiel administrador de nuestro nuevo hogar? Jesús presiona más la auto-reflexión con "a quien mucho se le da... así también a él se le exigirá mucho" (Lucas 12:48). ¿Qué es exactamente "exigirá"? Escribir todo esto me ayuda a reflexionar sobre estos temas y seguir lo que dice Lamentaciones 3:40: "Examinemos y probemos nuestros caminos".

Me llevó tres años concluir la construcción de una casa artística de tamaño medio (o grande según los estándares internacionales o nacionales de hace una generación), preguntándome cómo podría alinearse con mi vocación de servir a los pobres y con el mensaje difícil de borrar, de que "la riqueza es mala". Yo había interiorizado e incluso enseñado esta idea casi bíblica. De hecho, ¡yo juzgaba a la gente como yo! Sentir la necesidad (incluso con estas mismas palabras) de justificar la construcción de una casa es una prueba de que yo todavía lucho con matices de vergüenza por tener más que otros. Espero que al meditar en las siguientes Escrituras mate a la bestia de la vergüenza y sintonice mi corazón más cerca del latido del corazón de Dios que se encuentra quebrado a causa del mundo. ¡Esto podría ayudarte a ti también, ya que estás en el uno por ciento superior de los asalariados del mundo si ganas al menos un sueldo de profesor de Estados Unidos! (¿Estás en el uno por ciento del mundo?, 2020).

NUESTRA HISTORIA

Al principio, la construcción de un hogar ni siquiera se nos había pasado por la cabeza. Nosotros estábamos contentos en nuestro antiguo pequeño hogar (de 18 años) pero necesitábamos una verdadera oficina para mí y otro dormitorio para la tía anciana de Karen quien pronto se mudará de Oklahoma para vivir con nosotros y de quien recibiremos sus cuidados (ella es una ex enfermera). Esta tía es la única hermana viva de la madre de Karen (y la única conexión con la parte japonesa de su familia) a quien se extraña mucho después de morir de cáncer hace 28 años cuando solo tenía 55. Buscamos una casa existente, pero inevitablemente no nos gustó la casa o la tierra sobre la que se encuentra. Esto nos llevó a buscar un terreno vacío que ha doblado su valor en los seis años que hemos estado esperando para construir. Esto, junto con la duplicación del valor de nuestra primera casa (incluyendo el capital de construcción al hacer los pagos de la hipoteca durante 18 años), y la creación de una compañía rentable, hizo posible el tener una nueva casa. ¿Es esta duplicación de valor, similar a lo que sucedió con los sirvientes en la parábola de los talentos de Cristo?

EL NEGOCIO TE TRAGA ENTERO

Así que nunca nos propusimos vivir en una casa espléndida, ni yo me propuse generar riqueza - aparte de maximizar mi 401K de mi escaso salario de las organizaciones sin fines de lucro. La decisión de empezar un negocio surgió del amor por mi esposa enferma. Yo supuse que este "negocio secundario" generaría un modesto ingreso para costear los tratamientos de la enfermedad de Lyme. Yo lo veía como algo similar a las ventas de carpas para autos que yo había hecho o a mi breve período como jornalero - cavando zanjas un día, sosteniendo la señal de alto/lento para la construcción de caminos al día siguiente, y trabajando en el congelador el tercer día - sugiriéndome que el infierno es frígido no ardiente! Poco sabía yo, que un negocio no es una tarea menor en la que uno entra y sale. No, es un animal totalmente diferente que te traga entero y te escupe como una persona diferente - curtido y aturdido por el estrés diario, largas horas de trabajo, y diversas responsabilidades.

CREAR RIQUEZA: ¿UN REGALO?

Resultó que yo tenía un don para los negocios y estaba a punto de ver que tan provechoso podía ser esto para el bien de nuestra comunidad y del mundo. Así que, después de ocho años de escasez, de reinvertir casi todos sus pequeños beneficios en el fortalecimiento del incipiente negocio, este comenzó a sostenerse por sí solo (con equipos y sistemas fuertes) y empezó a dar un retorno a sus propietarios (mi hermano Dani y yo). A través de nuestra empresa y sin fines de lucro, hemos tratado de aprovechar los diversos tipos de riqueza que el negocio crea, para servir a otros a nivel local y mundial. (Los tipos de valor que los empresarios pueden compartir incluyen la influencia, las conexiones, el tiempo, los beneficios, las habilidades, los productos/servicios, el desarrollo de empleados, el liderazgo, la tutoría y los trabajos que proporcionan tanto dignidad como estabilidad económica). Aunque la riqueza no ha sido mi enfoque o ambición, yo he aprendido tardíamente que crear riqueza es en realidad un regalo de Dios según Deuteronomio 8:17-18: "Tú puedes decirte a ti mismo, 'Mi poder y la fuerza de mis manos han generado esta riqueza para mí'. Pero acuérdate del Señor tu Dios, porque es él quien te da la capacidad de producir riqueza..." El Manifiesto de Creación de Riqueza del Movimiento de Lausana comienza diciendo: "La creación de riqueza está enraizada en Dios, quien creó un mundo que florece con la abundancia y la diversidad. Somos creados a imagen de Dios, para co-crear con él y para él, para crear productos y servicios para el bien común. La creación de riqueza es una vocación santa, y un regalo de Dios, que se recomienda en la Biblia" (Grupo de Lausana, 2020).

EL PROPÓSITO SUPERIOR DE SERVIR

Maximizar el beneficio no es el propósito de los negocios, pero obtener un beneficio hace posible que se haga mucho bien a sus clientes, empleados, familia y comunidad. Sin ganancias, un negocio está muerto. Es el aire que un negocio respira. Sin embargo, el propósito de la vida no es solo respirar. Tenemos que apuntar un poco más alto. *El verdadero propósito de los negocios, tal como yo lo veo, es crear valor (riqueza) que sirva a los demás.* Es una forma en que Dios provee a la humanidad, respondiendo a su oración por el "pan de cada día". Martín Lutero lo dice de forma vívida y contundente: "Dios ordeña las vacas a través de las manos de las ordeñadoras" (Luther, Lectures on Genesis).

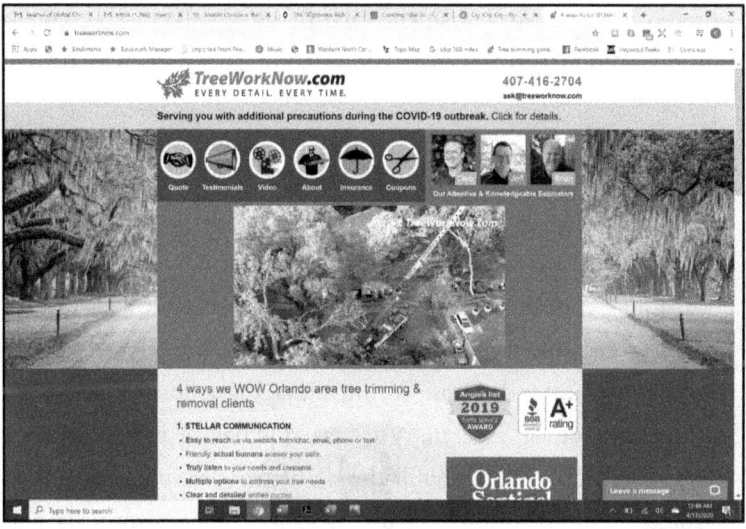

Más tarde, compartiré varios ejemplos de cómo estamos usando el valor creado por nuestro negocio para servir al bien común. Por supuesto, siempre estoy trabajando en el mejoramiento de nuestra empresa (por ejemplo, actualizando nuestro proceso de revisión del rendimiento, comprando y vendiendo equipos, encontrando mejores formas de conectar con clientes nuevos y antiguos, encontrando nuevas formas de preservar el flujo de caja en previsión de nuevas ralentizaciones por COVID-19, ayudando a los empleados a hacer frente a las tensiones de COVID-19 y preparando un presupuesto para proporcionar servicio de arbolado para tres campus universitarios), pero mi trabajo sin ánimo de lucro me impide necesariamente maximizar los beneficios de la empresa. Eso es probablemente bueno para mi alma, ya que pone mi atención en dar y no en recibir. Salomón me instruye: "No trabajes demasiado para ser rico" (Proverbios 23:4), mientras que Pablo me advierte: "algunas personas, anhelando dinero, se han apartado de la verdadera fe y se han causado muchos sinsabores" (1 Timoteo 6:10). Así pues, el

Antiguo y el Nuevo Testamento me llevan a contentarme con la suficiencia y a utilizar mis esfuerzos sobrantes para servir a los demás.

RICO POR LA OPRESIÓN

Aquellos que crean riqueza para servirse a sí mismos, atraen la ira de Dios. En su egoísmo, ellos engañan a otros para salir adelante. La "ganancia deshonesta" de los salarios injustos trae algunas de las condenas más duras de Dios: "Venid ahora, ricos, llorad y aullad por las miserias que os esperan. Vuestras riquezas se han podrido y vuestros vestidos están apolillados. Vuestro oro y plata se han corroído, y su corrosión será una evidencia contra vosotros y se comerá vuestra carne como el fuego. Has guardado un tesoro en los últimos días. He aquí que el salario de los obreros que segaron vuestros campos, que habéis retenido por fraude, clama contra vosotros, y los gritos de los cosechadores han llegado a los oídos del Señor de los ejércitos. Habéis vivido en la tierra en el lujo y en la autocomplacencia. Habéis engordado vuestros corazones para el día de la matanza" (Santiago 5:1-5). Obsérvese que Santiago conecta el mal manejo del dinero con el corazón, y el problema de Jeremías con la construcción de un palacio es que está a espaldas de los pobres:

"Ay de aquel que construye un palacio y
sus habitaciones superiores con la injusticia,
haciendo que su propia gente trabaje por nada,
no pagándoles por su trabajo.
Él dice, 'Me construiré un gran palacio
con espaciosas habitaciones superiores.'
Así que hace grandes ventanas en él,
la recubre con cedro

y lo pinta de rojo.
"¿Te haces rey
por acaparar más y más cedro?
Tú padre no solo comía y bebía,
él hacía lo que era correcto y justo,
así que le fue bien.
Defendió la causa de los pobres y los necesitados,
y por eso le fue bien.
¿No es eso lo que significa conocerme?"
declara el SEÑOR.
"Pero tus ojos y tu corazón
se establecen sólo en la ganancia deshonesta,
sobre el derramamiento de sangre inocente
y sobre la opresión y la extorsión"
(Jeremías 22:13-17).

¡Este es un pasaje aterrador para mí! Provoca la auto-reflexión ya que nuestra casa tiene muchas "ventanas grandes". Además, la frase de Jeremías "más y más cedro" me recuerda el uso de 12 especies diferentes de madera, varias de ellas extraídas de nuestro negocio de árboles. Esta madera no estaría resplandeciendo como astillas de la belleza de Dios en nuestro hogar sin el trabajo de nuestros 20 empleados. ¿Les estamos pagando justamente? ¿Estamos compartiendo lo suficiente de los beneficios del negocio? ¿Estoy reflexionando sobre los versículos 15-16...? "Él hizo lo que era correcto y justo, así que todo le salió bien. Defendió la causa de los pobres y los necesitados, y todo le salió bien."

Una noche leí un artículo del Movimiento de Lausana (Grupo de Lausana, 2020) que interpretaba el mandamiento de Moisés "No amordazarás al buey mientras está pisando el grano" (Deuteronomio 25:4) en el sentido de que las recompensas de los negocios deben ser compartidas con los empleados. Esa misma noche abrí de par en par Small Giants y leí a Bo Burlingham aconsejándome que mostrara a los empleados que ellos me importaban, de una manera completamente inesperada, haciendo "algo que ninguna otra empresa se atrevería a hacer" (Burlingham, 2016, p. 112). Me fui a la cama orando y preguntándome qué podríamos hacer en Tree Work Now para seguir estas dos líneas de sabiduría similares. A medianoche, tan pronto como mi cabeza golpeó la almohada: ¡shazam! Se me ocurrió: "Estoy construyendo una casa para mi esposa y yo; ¡¿por qué no puedo ayudar a mis empleados a comprar una casa propia?! Yo puedo ajustar los ahorros de los empleados de alto rendimiento para que ellos puedan pagar un anticipo y empezar a construir estabilidad y riqueza para sus familias". Así, este nuevo beneficio ajustará los 2.000 dólares anuales de ahorros de un empleado, con un beneficio máximo de 10.000 dólares durante cinco años de fuertes revisiones de rendimiento. Y esto debería aumentar la longevidad y la lealtad de los empleados también - un beneficio para todos. ¡Apenas pude dormir de la emoción! La mañana trajo la confirmación al leer más del artículo de Lausana que relacionaba la propiedad de la tierra (en Canaán) con la confirmación de que los israelitas fueron en realidad esclavos por más tiempo (en Egipto) (Grupo de Lausana, 2020).

NUESTRA CASA Y LA DE DIOS

Las Escrituras no condenan la riqueza, pero expresan preocupación por la forma en cómo la obtenemos, lo que hacemos con ella, y si tiene prioridad en nuestros corazones por encima de la "casa" de Dios, a la que nos dirigimos ahora. Los regalos de Dios no son como la nueva bicicleta que el adolescente recibió en Navidad, destinada sólo para ti: con bordes cromados que brillan, pintura elegante para admirar y pulir en exceso, velocidad que empuja tu cabello con el viento, cumplidos que hinchan tu orgullo, y tentaciones para impresionar a tus amigos (y eclipsar a tus rivales) con trucos que requieren coraje y provocan rodillas raspadas. No, los dones que vienen de Dios no son solo para ti sino también para los demás - "no es un privilegio sino una responsabilidad - la responsabilidad abrahámica de ser una bendición para los demás (Gen. 12:1-3)" (Wright C., 2010). Este mensaje no encaja muy bien con nosotros, los humanos caídos (y aun así redimidos). Queremos que nuestros grandes dones hagan brillar nuestra reputación. El Apóstol Pablo lo sabe, así que él insiste en que los dones son para servir al Cuerpo de Cristo - la iglesia - y para dar gloria a Dios. De la misma manera, el profeta del Antiguo Testamento, Hageo (¡a quien todos leemos tan frecuentemente!) pregunta: "¿De quién es la casa que estás construyendo? ¿Tuya o de Dios?" Usamos nuestros dones para construir algo cada día. ¿Nuestros esfuerzos se centran más en construir nuestro pequeño imperio o la gloria de Dios? (Según 1 Reyes 6:38-7:1, Salomón construyó el templo de Dios en 7 años, pero pasó 13 años construyendo su propio palacio) Como alguien, que actualmente está construyendo una casa para su familia, yo me pregunto ¿estoy empleando aún más de mi tiempo y mis dones para construir la casa de Dios? Yo diría que sí, pero aquellos que me conocen mejor deberían hacer esa afirmación dado que yo no soy inmune al autoengaño. Aquí están las escalofriantes palabras de Dios a través de Hageo:

En el segundo año del reinado de Darío, en el primer día del sexto mes, la palabra del SEÑOR vino a través del profeta Hageo a Zorobabel hijo de Salatiel, gobernador de Judá, y a Josué hijo de Josadac, el sumo sacerdote, diciendo que esto es lo que dice el SEÑOR de los Ejércitos:

> "Esta gente dice que el tiempo aún no ha llegado
> para reconstruir la casa del Señor."

Entonces la palabra del Señor vino a través del profeta Hageo, diciendo:

> "¿Acaso es tiempo para que ustedes
> vivan en casas lujosas,
> mientras esta casa está en ruinas?"

Esto es lo que dice el Señor de los Ejércitos:

> "Consideren cuidadosamente sus caminos.
> Ustedes plantan mucho
> pero cosechan poco.
> Comen pero nunca tienen suficiente.
> Beben pero nunca se sacian.
> Se visten pero no logran calentarse.
> Ganan un salario pero se va
> como en saco roto."

Esto es lo que dice el Señor de los Ejércitos:

> "Consideren cuidadosamente sus caminos.
> Suban a las colinas,
> bajen la madera, y construyan la casa,
> para que yo pueda disfrutar de ella y ser glorificado,
> dice el Señor.
> Ustedes esperan mucho,
> pero cosechan poco.
> Y lo que traen a casa, yo lo disipo de un soplo.
> ¿Por qué? declara el Señor de los Ejércitos

Construyendo la Casa de Dios

Porque mi casa aún está en ruinas,
mientras cada uno de ustedes está ocupado
con su propia casa.

Por lo tanto, por culpa de ustedes
los cielos han retenido su rocío
y la tierra ha retenido sus cultivos.
Yo he convocado una sequía
en los campos y en las montañas,
en el grano, el vino nuevo y el aceite de oliva,
y en lo que sea que el suelo produzca,
en los hombres y los animales,
y en todo el trabajo de sus manos" (Hageo 1:1-11).

Mucho esfuerzo; y poco fruto. Dios dejó muy claro que maximizar el beneficio para uno mismo es en realidad contraproducente. Jesús estableció el mismo concepto de manera positiva: "Buscad primero el Reino de Dios y su justicia, y todas estas cosas os serán añadidas" (Mateo 6:33). Dos veces Hageo dijo, "consideren cuidadosamente sus caminos". Examinemos si somos más como el personaje bíblico cuya prioridad era construir su propia casa o si nuestra pasión principal es construir la casa de Dios. ¿A cuál de los dos siguientes te parece más? El primer personaje viene a nosotros directamente de la mente fértil de Cristo....

¡YO, YO, YO!

Jesús revela desde el principio, lo que quiere que aprendamos de este "hombre rico" sin nombre, al decir: "Tengan cuidado y estén en guardia contra toda codicia, porque la vida de uno no consiste en la abundancia de sus posesiones." Y les contó una parábola: "La tierra de un hombre rico produjo abundantemente, y él pensó para sí: '¿Qué haré, pues no tengo donde almacenar mis cosechas?' Y él dijo: 'Yo haré esto': Derribaré mis graneros y construiré otros más grandes, y allí almacenaré todo mi grano y mis bienes. Y diré a mi alma: "Alma, tienes muchos bienes guardados durante muchos años; relájate, come, bebe, sé feliz". Pero Dios le dijo: '¡Necio! Esta misma noche te van a reclamar la vida, y las cosas que has acumulado, ¿quién se las quedará? Así sucede al que acumula riquezas para sí mismo en vez de ser rico delante de Dios" (Lucas 12, 15-21).

EL PROBLEMA ES EL EGOÍSMO, NO LA ABUNDANCIA

Observe que no hay nada de malo con una granja que "produzca abundantemente". De hecho, la forma en que Jesús hace que "la tierra" sea la que permite "producir" inmensas cosechas enfatiza el papel de la Creación y por lo tanto del Creador. La abundancia no es el problema. Entonces, ¿cuál es? Una cierta repetición en el texto hace que la respuesta sea tan clara como el diamante que este rico luce hoy en día, observen que él dice ¡"yo" o "mi" once veces en el lapso de tres frases!" Hablando del "no pobre" de hoy, Bryant Myers da sin querer un diagnóstico preciso de la enfermedad de este "rico": "En lugar de verse a sí mismos como administradores productivos que trabajan por el bienestar de su comunidad, actúan como si sus dones y su posición fueran de alguna manera legítimamente suyos, o ganados, y por lo tanto son únicamente para ellos mismos y para su bienestar" (Myers, p. 146).

Jesús promete un juicio para todos los que "acumulan tesoros" para sí mismos, pero no son "ricos para Dios". ¿Qué quiere decir Jesús con ser "rico para Dios"? El pastor John Piper cree que "Ser rico para

Dios es el corazón que es atraído hacia Dios como nuestra riqueza. Ser "Rico para Dios" significa moverse hacia Dios como nuestra riqueza. "Rico para Dios" significa contar con las mayores riquezas de Dios que cualquier otra cosa en la tierra. "Rico para Dios" significa usar las riquezas terrenales para mostrar cuánto valoras a Dios. El hombre rico debería haber dicho esto en su lugar: "Dios, todo esto es tuyo. Tú has hecho prosperar mis campos. Muéstrame cómo expresar con mis riquezas que tú eres mi tesoro, y las riquezas no lo son. Ya tengo suficiente. No necesito una red de seguridad cada vez más grande. No necesito mejor comida, mejor bebida, mejores fiestas. Sí quiero divertirme, pero no en fiestas autocomplacientes con jubilados ricos. Quiero divertirme con la gente que ha sido ayudada por mi generosidad. Quiero la más completa bendición de dar. Porque tú me enseñaste, Señor, que es "más bendito dar que recibir". (Let's Be Rich Toward God, n.d.). Muchos de los que no se ven gravemente afectados por COVID-19 están buscando formas de ser más generosos durante esta crisis, ya que los que ya eran vulnerables tienen dificultades para poner comida en la mesa o acceder a la atención médica. ¡Señor, sálvame de convertirme en este "rico necio"!

EL RICO *NO* NECIO

Obviamente, todo en este tipo "giraba en torno a él"; ahora pasemos a uno cuyo corazón era todo sobre Dios. Saltamos del Nuevo Testamento al Antiguo, de un personaje ficticio a uno histórico. El corazón del Rey David y las acciones resultantes en el siguiente versículo encarnan perfectamente la frase de Cristo acerca de ser "rico para Dios". Así es como el Rey David se sintió al dar su propio tiempo, creatividad (redactando los planes) y recursos (fondos y materiales) para preparar la construcción del templo de Dios (por el que Hageo reunió a los judíos para reconstruirlo unos 450 años después). Su generosidad desencadenó una cascada de donaciones. El erudito del Antiguo Testamento Christopher Wright explica: "El ejemplo de David de poner su riqueza personal en el proyecto del templo (1 Crónicas 29:2-5) motiva al resto de los líderes a hacer lo mismo (29:6-8), lo que, a su vez, parece motivar al resto de la gente" (29:9) (Wright C., 2010).

Él ora con incredulidad: "Pero ¿quién soy yo, y quién es mi pueblo, para que podamos dar tan generosamente? Todo viene de ti, y sólo te hemos dado lo que viene de tu mano" (1 Crónicas 29:14). El Rey David era mucho más rico en riquezas, fama y poder que el "rico" sin nombre de la parábola de Cristo. Sin embargo, él vio esos logros por lo que eran: regalos de la gracia de Dios. Por otro lado, el "hombre rico" no podía ver más allá de su inflada visión de sí mismo. Él ni siquiera reconocía a Dios. Dos veces en sus salmos, David escribió: "El necio dice en su corazón: 'No hay Dios'" (Salmo 14:1; 53:1). Y "necio" es precisamente como Dios llama al "rico" en su muerte, en la parábola de Cristo. Por el contrario, Dios llamó a David "un hombre según mi corazón" (Hechos 13:22). Como el escritor de salmos más prolífico de las Escrituras, el Rey David no se limitó a evocar el nombre de Dios como hacen los políticos de hoy en día para ganar votos o sonar piadosos. No, los salmos de David revelan que su corazón estaba cautivado por Dios. Él no estaba obsesionado con las riquezas que Dios le había dado; él miraba más alto, anhelando ver la gloria de Dios. Sentir su pasión:

> "Una cosa le pido al Señor;
> y es lo único que deseo:
> Habitar en la casa del Señor...
> todos los días de mi vida,

para contemplar la belleza del Señor
y recrearme en su templo" (**Salmo 27:4**).

¡Vaya! Eso sí que es una devoción sincera. Su intimidad con Dios sólo había avivado su pasión por más.
(Los Justos Ricos en el Antiguo Testamento, 2010)

VEHÍCULOS DE LA GRACIA DE DIOS

Volvamos al versículo en el que David se siente humilde por la oportunidad de compensar a Dios: "Pero ¿quién soy yo, y quién es mi pueblo, para que podamos dar tan generosamente? Todo viene de ti, y sólo te hemos dado lo que viene de tu mano" (1 Crónicas 29:14). Él reconoció a Dios como Dador - la última Fuente. Se regocijó en la oportunidad de ser un vehículo de la gracia de Dios, sin sentirse siquiera digno de hacerlo. Este pastorcillo de modestas raíces económicas y sociales no perdió su carácter valiente y amable cuando adquirió posesiones y poder. Como dijo Jesús: "Al que se le puede confiar lo poco, también se le puede confiar lo mucho, y al que es deshonesto en lo poco, también será deshonesto en lo mucho" (Lucas 16:10). David era un fiel pastor de las ovejas de su padre antes de ser ungido como pastor de todo el pueblo de Dios. El liderazgo, la riqueza, el poder - ciertamente pueden moldear tu carácter para bien o para mal, pero sobre todo magnificarán lo que ya existe. El éxito no hace o destruye el carácter, sino que lo revela. Como dice Dave Ramsey: "Lo que seas -bueno o malo- se hará más grande cuando añadas riqueza a la mezcla" (Ramsey, Legacy Journey, p. 118). "La riqueza y el poder no corrompieron a David (aparte de las flagrantes excepciones de Betsabé y el censo), sino que amplificaron su gratitud y generosidad.

MIRÁNDOSE EN EL ESPEJO

¿Qué tipo de rico eres? ¿El que construye graneros más grandes para sí mismo o el que construye el Templo de Dios para su gloria? ¿Y qué pasa conmigo, con la nueva casa y todo eso? ¿Estamos enfocados en la gloria de Dios o en la nuestra? ¿Podemos vernos con la suficiente claridad como para responder correctamente, o nos engañamos a nosotros mismos? La respuesta está en el corazón, al que nos dirigimos a continuación.

Capítulo 2 | Sanando Nuestros Corazones

CIRUGÍA DEL CORAZÓN

Entonces volvamos a la pregunta del principio de este libro: "¿Es la riqueza un herramienta o una trampa?" Bueno, las dos cosas. Antes de poder afilarla como una herramienta efectiva para servir a los demás, tenemos que pedirle a Dios que nos libere de las formas en que el dinero atrapa nuestros corazones. No me sorprende: con Dios siempre se trata del corazón. ¿La forma en que usamos la riqueza revela adoración a Dios o a uno mismo? ¿Quién está en el centro de nuestra historia? Las respuestas exponen nuestros dos mayores problemas de dinero: el *orgullo* y la *idolatría*. Esos pueden ser nuestros pecados más serios y obstinadamente arraigados - como la maliciosa hierba del jardín que parece crecer tan rápido como la quitas. El orgullo y la idolatría capturan sigilosamente nuestros corazones, reemplazando a Dios como nuestra fuente de seguridad y cumplimiento. Irónicamente, el lema oficial de la moneda estadounidense es un disfraz poco convincente para nuestros verdaderos lemas funcionales: "En nosotros confiamos" (orgullo) y "En la riqueza confiamos" (idolatría).

LA AMNESIA DEL ORGULLO

El orgullo olvida intencionalmente la fuente de toda abundancia. Ya hemos escuchado esto subrayado por Moisés en Deuteronomio 8. Ahora escuchemos una línea de la ya citada oración del Rey David: "La riqueza y el honor vienen de ti" (1 Crónicas 29:12), en la que

Christopher Wright observa: "David reconoce la verdadera fuente de toda la riqueza y la comparativa indignidad del dar humano, que es simplemente devolver a Dios lo que ya le pertenece" (Los justos ricos en el Antiguo Testamento, 2010).

ORGULLO: UN VICIO DE IGUALDAD DE OPORTUNIDADES

La prosperidad ciertamente cataliza el orgullo, pero el orgullo igualmente habita entre los pobres. Por ejemplo, la gente que atiende a los desamparados, encuentra a muchos que se enorgullecen de su inteligencia callejera que les permite sobrevivir *sin* un hogar, lo que sin duda es una hazaña digna de admiración. El punto es que el orgullo puede crecer en un suelo rico o rocoso. O en ningún tipo de suelo. Me estremeció el placer de ver pequeñas flores clavando sus pequeñas raíces en los monolitos de granito de la cima del Monte Whitney.

O mírame (¡sin flores, con seguridad!), cuyo orgullo sobrevivió a la transición de conducir un viejo camión a lucir uno nuevo. Once años después de lanzar mi negocio, me sentí complacido conmigo mismo por haber mejorado por primera vez nuestra flota pesada de camiones para mi tripulación en nuestro negocio de árboles, mientras conducía un Tundra de 11 años. "Lo primero es lo primero" yo daba una conferencia a los nuevos propietarios de negocios ("Pon en orden tus faenas de cultivo y prepara tus campos; después de eso, construye tu casa" - Proverbios 24:27). Luego, cuando el viejo camión empezó a cojear, compré mi primer vehículo nuevo y empecé a notar que era mucho más bonito que los vehículos en los que estaban atorados mis compañeros. El orgullo es en verdad resistente – inflando mi ego en circunstancias exactamente opuestas. Vaya. El pecado es muy malvado. El dinero es tan peligroso para nuestros orgullosos corazones como la maleza seca de los bosques de California en la temporada de incendios. Ten cuidado.

¿PARA QUIÉN EL DINERO ES UN ÍDOLO?

Ten cuidado con lo que dejas entrar en tu corazón porque lo moldea todo: "Guarda tu corazón por encima de todo, porque él determina el curso de tu vida" (Proverbios 4:23, Traducción de New Living). Esto es cierto ya que "nuestros corazones tienen espacio para una sola devoción que lo abarca todo" (Bonhoeffer, Costo del Discipulado). No es que no seamos capaces de tener múltiples amores, sino que todos los amores secundarios son moldeados por nuestro "primer amor" y lo refuerzan. Por eso el rey David advierte: "Si las riquezas aumentan, no pongas tu corazón en ellas" (Salmo 62:10). Lo que más amamos tiene un inmenso poder sobre nosotros, y el dinero es un frecuente usurpador del legítimo lugar de Dios en el centro de nuestras vidas. Jesús dice: "Nadie puede servir a dos amos. ...no puedes servir a Dios y al dinero" (Mateo 6:24). El mensaje central del Nuevo Testamento que nos dice que "Jesús es el Señor", revela que Dios y sus propósitos en el mundo deben ser la pasión principal de nuestras vidas. Cualquier otra cosa que se ponga en el centro de nuestros corazones son ídolos que Dios intenta destruir - para nuestro propio bien, así como para su gloria. ¿Pero por qué Jesús incluye esta advertencia sobre la riqueza en su sermón del monte a una multitud de campesinos pobres? ¿No debería haberla guardado para una multitud que en realidad tuvieran riquezas? Él podría haber incluido esto en los siete "males" con los que fustigó a los fariseos 17 capítulos después. En realidad, no. Jesús sabía lo que hacía (¡sorpresa!). Por extraño que sea, el dinero es un ídolo tanto para ricos como para pobres. ¡Tú puedes obsesionarte con él sin tenerlo! Y puedes tener mucho sin que desplaces a Dios en tu corazón. El pastor Tom Nelson lo dice así: "La codicia no depende de cuánto podemos tener, sino de cuánto de lo que podemos tener, nos tiene. El orgullo, la avaricia y la corrupción pueden adherirse materialmente tanto al rico como al pobre" (The Economics of Neighborly Love p.43). Como la mandíbula apretada de un pitbull, el agarre de la avaricia es implacable y doloroso. El dinero es tan duro para un amo como para un buen sirviente. Noten el triste indicio de esclavitud en las palabras del americano más rico de todos los tiempos, John D. Rockefeller, cuando se le preguntó: "¿Cuánto dinero es suficiente?", él respondió: "Sólo un poco más" (https://www.newworldencyclopedia.org/entry/John_D._Rockefeller). Otro hombre en la lista de los 20 más ricos de todos los tiempos tuvo la misma comprensión unos 2.850 años antes. El Rey Salomón escribió: "Quien ama el dinero nunca tiene suficiente; quien ama la riqueza nunca está satisfecho con sus ingresos". Esto tampoco tiene sentido (Eclesiastés 5:10). "Amor" es la palabra clave, señalando al corazón como donde se activa el "secreto de Pablo de estar contento... en la abundancia o en la necesidad" (Filipenses 4:11-13).

¿CUÁL ES TU FUENTE?

Job sabía que habría estado mal "poner mi confianza en el oro o decirle al oro puro, 'Tú eres mi seguridad'" (Job 31:24). Una señal de advertencia de que el dinero se ha convertido en un ídolo es cuando esperamos que nos dé vida. Ese es el único trabajo de Dios. Él se llama a sí mismo "la fuente de agua viva" (Jeremías 2:13) y está "siempre rebosante de vida y amor" (Reeves p.26). El versículo completo dice:
"Mi pueblo ha cometido dos pecados:
Ellos me han abandonado,
 el manantial de agua viva,
y han cavado sus propias cisternas,
 cisternas rotas que no pueden contener el agua."

"Cisterna rota" es una gran metáfora para cualquier cosa que prometa llenarnos, pero es un mero sustituto agujereado que nunca puede satisfacer como el agua dulce de la vida (Juan 4:14). ¿Es este Padre que nos da l vida nuestra gran búsqueda? ¿Tenemos "hambre y sed de justicia" (Mateo 5:6)? ¿Anhelamos conocer a Dios más plenamente y obedecerle más fielmente? ¿Confiamos en Dios o en nuestros propios recursos y capacidad para crear riqueza?
Dado que las borrosas gafas del gnosticismo distorsionan nuestra visión de la buena creación de Dios, nos sorprende escuchar a Pablo enseñando a Timoteo cómo los ricos pueden tener relaciones saludables tanto con Dios como con su dinero: "Ordena a los ricos de este mundo presente que no sean arrogantes ni pongan su esperanza en la riqueza, que es tan incierta, sino que pongan su

esperanza en Dios, que nos proporciona ricamente todo para nuestro disfrute. Ordénales que hagan el bien, que sean ricos en buenas acciones, y que sean generosos y estén dispuestos a compartir. Así se harán tesoros para sí mismos, como fundamento firme para la edad venidera, para que se apoderen de la vida que es verdaderamente vida" (1 Timoteo 6:17-19).

Muchos proverbios o titulares sobre los poderosos que han caído revelan la incertidumbre de la riqueza y por lo tanto la tontería de confiar en ella para tener un futuro asegurado. Acumular riquezas de forma mezquina, revela en qué están poniendo nuestros corazones su esperanza, mientras que dar generosamente muestra la confianza en Dios para proporcionar todo lo que necesitamos. Dar - especialmente lo suficiente para estar obligados a depender de Dios más que de nuestra cuenta bancaria para recibir el siguiente cheque de pago o superar una crisis inesperada (como un Coronavirus) - afloja el control del dinero en nuestros corazones.

Quiero que mi corazón espere sólo en Dios y encuentre mi vida en él, la única fuente verdadera. ¿Cómo puedo proteger a mi corazón de su tendencia a tallar "cisternas rotas"? Tal vez hay una pista en la repetida instrucción de Hageo de "considerar cuidadosamente sus caminos". Yo escribí las siguientes preguntas para ayudarme a hacer eso en los próximos meses y años. Por favor, únanse a mí en el uso de esto para ver dónde están nuestros corazones, en que estamos poniendo nuestra confianza y encontrando nuestra alegría.

PREGUNTAS DE REFLEXIÓN

Preguntas para reflexionar regularmente para dirigir mi corazón en los caminos de Dios:

1. ¿Soy posesivo con lo que tengo o estoy ansioso por compartirlo? ¿Doy o presto mis posesiones más preciadas?
2. ¿Soy codicioso de lo que no tengo? (Éxodo 20:17)
3. ¿Estoy contento con la abundancia o con la necesidad? (Filipenses 4:11-13)
4. ¿Busco el Reino de Dios primero, o mi enfoque principal es el dinero o el prestigio que puede traer (Mateo 6:33)?
5. ¿Me atrae tanto el Reino de Dios que tengo posesiones relajadamente (Mateo 13:44)?
6. ¿Estoy dirigiendo mi corazón hacia los valores de Dios invirtiendo un "tesoro" significativo en las prioridades de Dios (Mateo 6:21)?
7. ¿Aprovecho todo lo que soy y tengo (tiempo, dinero, posesiones, influencia, relaciones, negocios, energía creativa) para hacer avanzar el Reino de Dios?
8. ¿Estoy diezmando fielmente?
9. ¿Estoy dando alegremente y con sacrificio?
10. ¿Aumento el porcentaje de mis ingresos que doy cada año?
11. ¿Miro a Dios o al dinero o al trabajo para cubrir mis necesidades y mejorar mi vida (Lucas 12:15, 1 Timoteo 6:19)?
12. ¿Sirvo, confío y espero en Dios o en Mamón? (Mateo 6:24)
13. ¿Dependo constantemente de Dios? ¿O he olvidado que lo necesito desesperadamente a cada momento? ¡Revisar mi vida de oración para ver la prueba de mis respuestas!
14. ¿Estoy más enfocado en construir la casa de Dios o la mía propia (Hageo 1:4)?
15. ¿En qué pienso con más frecuencia? "¿Reconozco que la riqueza es secundaria a muchas cosas, incluyendo la sabiduría, pero especialmente a la integridad personal, la humildad y la rectitud?" (Christopher Wright: https://theotherjournal.com/2010/08/05/the-righteous-rich-in-the-old-testament/).
16. ¿Son las cosas creadas que Dios me ha dado para que yo administre parte de mi disfrute de Dios, que me lleva a la generosidad, la gratitud y la alabanza de su belleza, gracia y

bondad? ¿O estoy centrado en mostrar "mis" posesiones para impresionar a la gente con mi éxito o buen gusto? O peor aún, ¿utilizo las cosas materiales para afirmar mi superioridad sobre los que tienen menos?

17. ¿Utilizo la riqueza para distanciarme de aquellos que están limitados por la pobreza, el encarcelamiento, el racismo, la discapacidad, la enfermedad o el trastorno mental? ¿O conozco a estos "vecinos" lo suficiente como para amarlos correctamente? (Mateo 25:31-46)
18. ¿Me abstengo de trabajar un día a la semana como expresión de mi dependencia de Dios como proveedor?
19. ¿Mi lista de deseos de dar es más larga que mi lista de deseos de comprar?
20. ¿Pongo un límite a lo que voy a gastar en mí mismo, sin importar cuánto crezcan mis ingresos?
21. ¿Estoy acumulando recursos o siendo lo suficientemente generoso como para tener que confiar en Dios en vez de en mi "portafolio"?
22. ¿Compro de forma recreativa, impulsiva, frívola o terapéutica?
23. ¿Trabajo demasiado para ganar más dinero del que necesito, lo que resulta en relaciones tensas o poco profundas?
24. ¿Someto las decisiones financieras importantes a la responsabilidad de asesores sabios y piadosos?
25. ¿Utilizo la riqueza para ayudar a otros a crecer, por ejemplo, comprando libros para amigos o discípulos, o ayudando a los estudiantes a ir a una conferencia o a un viaje misionero o a la universidad?
26. En lugar de comprar automáticamente algo nuevo, ¿trato de reutilizar algo que ya tengo o pedir prestado a un amigo o vecino?
27. ¿Reciclo y limito los desechos para cuidar la Creación?
28. ¿Debo tener el dispositivo más nuevo?
29. ¿Vivo bien dentro de mis posibilidades, evitando toda deuda de consumo?
30. ¿Soy más bien un creador o un consumidor? ¿Ayudo a otros

a crecer como co-creadores conmigo, con otros y con Dios?
31. ¿Adquiero y uso mis posesiones con justicia?
32. ¿Me causa ansiedad el poder perder lo que tengo?
33. "¿Recuerdo la fuente de mis riquezas—es decir, la gracia y el don de Dios mismo—y por lo tanto no me siento jactancioso de atribuirme el mérito de haberlas conseguido con mi propia habilidad, fuerza o esfuerzo (aunque estas cosas se hayan utilizado legítimamente)?". (Christopher Wright: https://theotherjournal.com/2010/08/05/the-righteous-rich-in-the-old-testament/).

En cualquier lugar del espectro de ricos a pobres, buscar la vida en las posesiones es una "cisterna rota" que seguramente nos dejará secos mientras nos hiere con sus afilados trozos de orgullo e idolatría. Cuando nos dirigimos a Dios como nuestra verdadera fuente de vida, él vacía nuestros corazones de esos pecados y los llena con lo que hay en su corazón. A continuación, exploraremos cómo unirnos a Jesús en el luto y el regocijo con los pobres.

Capítulo 3 | Banquete y Ayuno - ¡Todo a la vez!

SOLIDARIDAD CON LOS POBRES

No basta con *vaciar* los pecados de nuestros corazones, debemos llenarlos con lo que hay en el corazón de Dios, a saber, la compasión por los perdidos, los heridos, los huérfanos, los pobres. Entonces, ¿cómo puedo disfrutar de una hermosa casa cuando mis amigos en Haití apenas tienen un techo? ¿Dónde está la compasión en eso? La solidaridad es una virtud poco notoria en el pueblo piadoso de las Escrituras. La Reina Ester arriesgó su posición e incluso su vida para defender a su pueblo, los judíos. Aunque su solidaridad se transformó en acusación, los tres amigos de Job tuvieron un buen comienzo: "Cuando ellos lo vieron a la distancia y no lo reconocieron, levantaron sus voces y lloraron. Y cada uno de ellos rasgó su túnica y arrojaron ceniza sobre sus cabezas. Luego se sentaron en el suelo con él durante siete días y siete noches sin que nadie le dijera nada, porque vieron que su dolor era muy grande" (Job 2:12-13). El rey David, sediento en el campo de batalla, derramó reverentemente el agua que tres hombres le habían traído, arriesgado sus vidas. Urías el hitita se negó a volver a casa con su esposa mientras sus camaradas estaban en el campo de batalla. Incluso cuando el pueblo de Jerusalén carecía de remordimiento por su propio pecado (y su inminente juicio), Isaías y Jeremías lloraron por ellos. Pablo dejó claro que la solidaridad con los hermanos y hermanas de otras naciones era parte de seguir a Jesús. Refiriéndose a los cristianos de Jerusalén ("otros") y de Corinto ("tú"), él escribió: "No quiero decir que los *otros* se vean aliviados y *tú* agobiado, sino que, para ser justos, tu abundancia en el momento actual debe suplir sus necesidades" (1 Corintios 8:13-14a ESV). Más tarde, en la misma carta, escribió: "Si un miembro sufre, todos sufren a la vez" (1 Corintios 12:26).

¿QUÉ IMPLICA LA SOLIDARIDAD DIVINA?

En esta conciencia, yo *solía* tener la convicción de que yo no debía tener un garaje para mi coche que fuera mejor que la vivienda de mis amigos en Haití. Yo mencioné esto en varias charlas a las iglesias, mostrando una diapositiva de un garaje para tres coches de McMansion (foto abajo) en la pantalla yuxtapuesta está la cabaña de suelo sucio de un amigo en un pueblo haitiano.

Pasaron 15 años y pronto tuve un garaje mucho más grande y más resistente a los huracanes que esas cabañas. ¿Soy un vendido? Puede que sí. Dios es mi juez. Espero que la respuesta sea "no" - tal vez porque Dios quiere que nuestros amigos haitianos también disfruten de las cosas buenas que les son negadas por una siniestra combinación de factores como: un sistema político corrupto que recompensa a los líderes a expensas del pueblo al que supuestamente deben servir, la falta de infraestructura y de empleos, el acceso mínimo a préstamos comerciales asequibles, la escasez de capacitación empresarial (que ofrece Creating Jobs Inc.), el alto costo de los materiales debido a una cultura de baja confianza y los altos costos de envío a la isla, los desastres naturales, la ausencia del estado de derecho, la mala atención médica, la inseguridad alimentaria, el analfabetismo desenfrenado, la policía corrupta, una mentalidad fatalista, el vudú y la ayuda que crea dependencia y socava el trabajo digno. Otro agujero en mi enfoque fue el uso de la vergüenza por tener cosas materiales que son parte de la buena creación de un buen Dios. Yo considere el punto de vista positivo de Martin Lutero: "Si la plata y el oro son cosas malas en sí mismas, entonces aquellos que se mantienen alejados de ellas merecen ser alabados. Pero si son buenas creaciones de Dios, que podemos usar tanto para las necesidades de nuestro prójimo como para la gloria de Dios, ¿no es ser una persona tonta, e incluso desagradecida con Dios, si se abstiene de ellas como si fueran malas?" (Conferencias sobre el Génesis).

QUE DA SENTIDO A LAS GRANDES DISPARIDADES

Uno de los contrastes más sorprendentes que he experimentado en nuestro trabajo en los países en desarrollo es lo que veo por la ventana de American Airlines al principio y al final de los vuelos entre Puerto Príncipe y Miami. Justo después del despegue, me asomo por mi ventanilla y quedo impresionado por las columnas de humo de la basura ardiente en las calles sin pavimentar de un enorme tugurio.

Cité Soleil es considerado uno de los barrios más pobres y peligrosos del hemisferio occidental, sin patrullas policiales ni sistemas de alcantarillado. Es el hogar de 400.000 personas desesperadas pero valientes, cuya multitud combinada de casas improvisadas vale menos que el avión que asciende rápidamente a una altitud donde la dura realidad se desdibuja en vagas generalidades. Cuba está a la deriva debajo de mí - una escena pastoral aparentemente próspera a 3.000 metros de altura. Luego, en breve: los Cayos y Miami de cerca. A diferencia de la monocromía sin árboles de Cité Soleil, soy recibido por un suculento paraíso. Miles de preciosas palmeras reales y pinos de la isla de Norfolk, como los del Dr. Seus, atraviesan el cielo y bailan con la brisa del océano en medio de kilómetros y kilómetros de casas que son verdaderas obras de arte. ¿Qué deberíamos hacer con un contraste tan llamativo visto desde el mismo asiento en un par de horas? ¿Debería tener gratitud por vivir en este país (el sentimiento más común de los misioneros a corto plazo) o deberíamos comentar, a modo de juicio, la perenne incapacidad de Haití para establecer la estabilidad y la prosperidad? No he elegido ninguna de las dos cosas. Durante años, mi respuesta fue juzgar la decadencia del consumismo de Miami: "toda esa gente rica sin corazón para el sufrimiento a unas pocas islas de distancia".

¿Y ahora? Todavía me siento obligado a practicar la solidaridad que se enseña en los versos de la Biblia como Hebreos 13:3: "Continúen recordando a los que están en prisión como si estuvieran juntos en la cárcel, y a los que son maltratados como si ustedes mismos estuvieran sufriendo." Y todavía creo que muchos americanos dependen de su riqueza en lugar de Dios - idolatría que no escapará a su juicio. Pero la abundancia no es el problema; lo es el corazón humano pecaminoso. De hecho, la prosperidad indica que todo ha ido bien, como un gobierno estable que (aunque imperfecto) es responsable ante su pueblo, una economía estable donde los derechos de propiedad se respetan y los contratos se cumplen, sistemas de mercado donde los proveedores/vendedores/contratistas son recompensados por ser dignos de confianza, una infraestructura sólida (carreteras, comunicaciones, energía), un sistema bancario eficiente, la disponibilidad de una vertiginosa gama de bienes y servicios a precios de mercado, una libertad sustancial para elegir el propio camino en materia de educación, trabajo, vivienda, y oportunidades de carrera/empresa que recompensen a los trabajadores en proporción al valor que aportan. (No puedo compartir una instantánea negativa que afirme el estereotipo de Haití, sin el calificativo de que Haití cuenta con innumerables personas resistentes y lugares magníficos -como la deslumbrante playa de Kokoye-, véase más adelante). Irónicamente, a pesar de las constantes amenazas a su mera supervivencia, varios amigos haitianos han sido un ejemplo de empatía sincera - por mí. Cuando ellos se enteraron de que Karen y yo no podíamos tener hijos (lo que en realidad me permitió dedicar gran parte de mi vida a lugares impactantes como Haití), ellos decían cuánto lo sentían por nosotros y prometían orar para que tuviéramos hijos.

El Corazón de la Riqueza

SOLIDARIDAD = COMPASIÓN + ACCIÓN

La solidaridad que las Escrituras nos llaman a practicar con el Cuerpo de Cristo global se trata menos de sentir culpa y más de aprovechar nuestro capital intelectual y financiero para ayudar a co-crear nuevas oportunidades con nuestros hermanos y hermanas. ¡Les damos la bienvenida a hacer esto con nosotros en Creating Jobs Inc!

Tal vez COVID-19 ha aumentado nuestra compasión por el nivel de vulnerabilidad con el que viven los pobres del mundo día a día, con o sin pandemia, ¡y sin siquiera el sueño de un rescate gubernamental de 2 billones de dólares! "Un informe del Comité Internacional de Rescate examina lo que se llama una "doble emergencia" en los países más vulnerables del mundo, donde el virus está empezando a propagarse. El virus, dicen, causará tanto una crisis sanitaria como humanitaria" (El coronavirus es una bomba de tiempo para los desplazados del mundo, 2020). Así pues, ahora más que nunca el mundo en desarrollo y los centros urbanos necesitan una infusión de la esperanza y la dignidad que conlleva la creación de oportunidades económicas que ayuden a sus familias a prosperar. Cuando "lloramos con los que lloran" lo suficiente como para añadir nuestros conocimientos empresariales prácticos a su determinación, ¡nace una asociación alegre en la que "nos regocijamos con los que se regocijan"! Pero, ¿estamos dispuestos a ponernos en sus zapatos, lo que puede implicar aeropuertos con gérmenes, dificultades para digerir nuevos alimentos e idiomas, e incluso enfermedades y vecindarios peligrosos? ¿Jesús espera esto de nosotros?

LA POSTURA DE JESÚS FRENTE AL SUFRIMIENTO

Un peligro grave de la riqueza es tener una postura distorsionada frente al dolor, como: "evítalo como la peste" o "estoy por encima de eso" o "compraré mi salida del sufrimiento". ¡Eso es delirante! ¿Los americanos valoramos algo más que la seguridad? (No es de extrañar que COVID-19 nos haya traído tanto el miedo como la precaución.) No hay forma de escapar de las dificultades, pero podemos apoyarnos en Jesús que las soporta con nosotros. Una tormenta está presente o en camino a cada vida cercana a usted, pero no estamos solos. Como cuando los pescadores que seguían a Jesús entraron en una "borrasca furiosa". Aunque él estaba profundamente dormido junto con el viento huracanado que de alguna manera él controlaba, Jesús esperaba que sus discípulos tuvieran ánimo en su presencia durante la tormenta. Pero no fue así (Marcos 4:35-41). No queremos tormentas, aunque Jesús esté ahí todo el tiempo. Suponiendo que guardaré esto para leerlo años después de mudarnos a nuestra casa (si Dios quiere que la mantengamos tanto tiempo), permítanme recordarle a mi yo futuro que las comodidades materiales son de corta duración y no me eximen de todo tipo de dolor que Dios pueda permitir en mi vida para su gloria y mi bien. Escúchame "yo": "No te creas la ilusión de que una casa bonita te exime de las dificultades o del dolor. Mira el palacio de los faraones en la noche de Pascua. O considera la mansión de Kobe Bryant el 26 de enero de 2020". Así que, demos una vuelta rápida a los pensamientos de la Biblia sobre las dificultades en la vida de los fieles.

¿POR QUÉ SUFRIMOS?

La bendita obligación de disfrutar de la creación de Dios (que hemos meditado anteriormente) plantea la pregunta: ¿debemos unirnos a los evangelistas de la prosperidad para acusar a la gente de falta de fe o de favor si están sufriendo? ¡De ninguna manera! Miren a toda la gente piadosa que sufrió en las Escrituras, empezando por el Dios en carne y hueso que dijo para consternación de sus discípulos: "En este mundo, tendrás problemas" (Juan 16:33). Compartimos la aflicción general de un mundo caído, cosechamos las consecuencias de nuestro propio pecado, somos disciplinados por Dios "para nuestro bien, a fin de que participemos de su santidad" (Hebreos 3:10), y sufrimos por razones que tal vez nunca entendamos (como lo hicieron Job y otros a quienes Dios nunca revela el propósito completo de su dolor). El hecho de que estemos atascados en él (¡pero no para siempre!) y que Dios pueda sacar bien de él no hace que el sufrimiento sea algo bueno que debamos buscar (¡no que tú lo hagas!). A menos que tu tienda de campaña esté frente a una vista de un lago en la montaña, ¡dormir sobre una roca en lugar de un colchón te convertiría en "un pequeño payaso de circo"!

EL SUFRIMIENTO ES MALO, PERO SOPORTARLO POR LOS DEMÁS ES BUENO

¡El dolor no es piadoso! No; es una maldición - comenzando en Génesis 3 - con dolor en nuestros nacimientos, espinas en nuestros campos, y muerte en nuestro futuro. Una muerte vergonzosa era considerada una gran maldición: "Cristo nos redimió de la maldición de la ley convirtiéndose en una maldición por nosotros, pues está escrito: "Maldito todo el que es colgado en un madero" (Gálatas 3:13). Al tomar voluntariamente nuestra maldición sobre sí mismo, nuestro bondadoso Señor revela que el sufrimiento por los demás es redentor. De la misma manera, nuestro abrazo de dolor por amor es como el de Cristo. Sin embargo, no escuchen mi exageración sobre esto. Sólo el sufrimiento de Cristo salva, pero nuestra solidaridad conforta y ayuda a otros a experimentar el amor de Cristo. Los supervivientes del huracán Katrina fueron consolados simplemente por otros humanos que se detuvieron lo suficiente para escuchar sus historias desgarradoras, como la de los Bennett quienes metieron a 27 miembros de la familia en su ático, que se sentía cada vez más como una trampa cuando las aguas de la inundación casi llegaban al techo antes de alcanzar la cima. O historias de gente que trepó a los árboles para escapar de una rápida y creciente marea de tormenta - ¡sólo para quedarse varados y temblando toda la noche, aferrándose torpemente a las ramas compartidas con serpientes y caimanes! Y al mostrar el interior fangoso de la Iglesia AME del Monte Sión de 111 años de edad (en la foto de abajo) en Pearlington, Mississippi, que se convirtió en una tumba acuática para algunos miembros que quedaron atrapados por la repentina inundación.

Un anciano de salud temblorosa rompió en llanto en su remolque de la FEMA después de que completáramos miles de dólares de peligroso trabajo sobre un árbol sin costo alguno. Él dijo: "Siento como si Dios estuviera hoy en mi patio trasero". De la misma manera, yo estaba descubriendo una intimidad con Dios que llenaba el alma, siempre que servía a los pobres. ¡La iglesia local que nos conectó con este hombre nos dijo más tarde que nuestra presencia y generosidad le llevó a tener fe en Jesucristo!

¿HUIR *DEL* O *HACIA* EL SUFRIMIENTO?

En un mundo tan devastado por los desastres naturales, el pecado, y ahora el Coronavirus, ¿deberíamos evitar un desafío siempre que sea posible? No. Ningún músculo, ni negocio, ni catedral se construyó sin él. De hecho, Pablo sorprende a Timoteo con esto: "Acompáñame en el sufrimiento, como buen soldado de Cristo Jesús" (2 Timoteo 2:3). ¿Qué? Otra versión dice: "Toma tu parte del sufrimiento..." Sólo se hacía eco de la frase de Cristo "toma tu cruz cada día y sígueme" (Lucas 9:23). Karen Jobes continúa con este desagradable y ofensivo pensamiento: "Porque no se puede seguir los pasos de Jesús y dirigirse en otra dirección que no sea la que él tomó, con sus pasos yendo a la cruz, a través del sepulcro, y luego a la gloria", según lo citado por Jason Hood (Hood, 2013). Ni siquiera el dinero puede protegernos de todas las incomodidades, pero sí nos tienta a aislarnos y a aislarnos del sufrimiento – y más desobedientemente – de los que sufren. Por el contrario, debemos seguir a Jesús quien voluntariamente entró en el corazón de los demás. Él "tomó nuestras enfermedades y llevó nuestros sufrimientos" (Isaías 53:4). En lugar de levantar a Lázaro como un truco rápido, se detuvo para sentir el peso de la destrucción despiadada que la muerte causa en nuestro mundo. Él lloró de dolor e indignación (Juan 11:35). Estamos llamados a "extender el amor del Salvador crucificado y resucitado entrando en la pobreza, el dolor, la enfermedad y el aislamiento de los demás" (Kapic, The God Who Gives, p. 252).

DAR CON SACRIFICIO

Nuestros regalos financieros pueden aliviar algunas dificultades y la pobreza, y cuando "damos hasta que duela", experimentamos lo que podríamos llamar "generosidad sensible". Yo me convencí de dar más al leer al filósofo no cristiano Peter Singer. En su libro, La vida que puedes salvar, él argumenta persuasivamente que tenemos la obligación moral de ayudar a los "15.000 niños que mueren cada día, la mayoría de ellos por causas evitables y enfermedades tratables" (p.196). Él procede a revelar que el museo de J.Paul Getty pago una suma en exceso de $65 millones por una pintura de Edouard Manet titulada "Spring" (abajo). Pero si sólo le cuesta a Seva 50 dólares realizar una operación de cataratas en los países de bajos ingresos, eso significa que hay 1.3000.000 personas que no pueden ver nada en absoluto, por no hablar de un cuadro, y cuya vista podría haber sido restaurada por la suma pagada por ese cuadro" (p.196). Aunque no me gusta que la culpa tropiece y sé que el arte refleja la belleza y la creatividad de Dios, su convincente conexión expone la compra como un derroche excesivo a la luz de la peligrosa lucha de 736 millones de personas (hasta 2019) que están atrapadas en la pobreza extrema (ganan menos de 1,90 dólares al día). En otra impactante comparación, Singer habla de Zell Kravinsky que donó un riñón para salvar una vida y anima a otros a hacerlo: "las posibilidades de morir como resultado de la donación de un riñón son aproximadamente 1 en 4.000, y que negarle un riñón a alguien que de otra manera moriría, significa que valoras tu propia vida cuatro mil veces más que la de un extraño, una proporción que él describe como 'obscena'" (Singer, La Vida que Puedes Salvar). Ambas comparaciones son un reto para aquellos de nosotros que somos responsables de la exigente norma de "amar a tu prójimo como a ti mismo" (Marcos 12:31). Mis colegas de Creating Jobs Inc. y yo hemos dedicado nuestras vidas a ayudar a los pobres del mundo a crear sus propias oportunidades, pero ¿deberíamos dar más para aliviar las dificultades inmediatas? ¿Cómo equilibramos la inversión en soluciones a largo plazo frente a las soluciones a corto plazo?

¿LA GENEROSIDAD IMPIDE LA CELEBRACIÓN?

¿Cómo podemos celebrar mientras millones de personas se ven

obligadas a ayunar? ¿Es correcto que tengamos cosas bonitas cuando muchos aún carecen de lo básico para sobrevivir? ¿Cómo aborda la Biblia estas preguntas difíciles? Bueno, el Antiguo Testamento lo explica: "Para todo hay un tiempo, y un tiempo para cada propósito bajo el cielo: un tiempo para nacer, y un tiempo para morir; un tiempo para plantar, y un tiempo para arrancar lo plantado; un tiempo para morir, y un tiempo para sanar; un tiempo para derribar, y un tiempo para edificar; un tiempo para llorar, y un tiempo para reír; un tiempo para llorar, y un tiempo para bailar" (Eclesiastés 3:1-4). Así que vemos que ambos extremos tanto el luto como la danza tienen un lugar en las vidas que agradan a Dios.

LA BANQUETE DE CRISTO EN MEDIO DEL SUFRIMIENTO

El Nuevo Testamento revela que Dios en carne y hueso vivió en el mismo mundo quebrado que nosotros - ¡y no lo arregló todo! En el primer siglo (y la mayoría de los siglos posteriores), casi toda la población mundial (aproximadamente el 90%) vivía en una pobreza extrema. De hecho, la mejora más dramática acababa de ocurrir. En los 25 años que van de 1990 a 2015, la pobreza extrema de la población mundial, se redujo del 36% al 10% (Singer p.11)! Sí, Jesús sanó a muchos que sufrían, pero no los sanó a todos. Puede que haya proporcionado la dignidad y el sustento de un trabajo para unos pocos en su negocio de carpintería y albañilería, pero no impulsó la revolución industrial 17 siglos antes. ¿Por qué no? Aún más desconcertante, en un mundo en el que la inseguridad alimentaria diaria era la norma, Jesús participó en muchos banquetes - los suficientes para ser llamado "glotón y borracho, amigo de recaudadores de impuestos y pecadores" (Lucas 7:34). Y cuando un frasco de perfume que valía el salario de un año fue vertido sobre él por una mujer pecadora, él rechazó la objeción de Judas Iscariote de que debería haber sido vendido para beneficiar a los pobres (Juan 12:15). Interesante.

JESÚS ERA CON FRECUENCIA "MOVIDO POR LA COMPASIÓN"

Predicho como "un hombre de dolores" (Isaías 53:3), Jesús también vivió en el otro extremo del espectro. "Jesús lloró" (Juan 11:35), sudó "gotas de sangre" (Lucas 22:44), se lamentó por la rebelde Jerusalén (Mateo 23:37), tocó a un leproso intocable (Mateo 8:3), se sometió a la forma más degradante y tortuosa de ejecución de Roma, y tomó el pecado del mundo sobre sí mismo. En resumen: Jesús personificó a ambos. Nos mostró cómo "alegrarse con los que se alegran y llorar con los que lloran" (Romanos 12:15).

UN EJEMPLO DESAFIANTE DE EQUILIBRIO

Podemos sentirnos esquizofrénicos cuando intentamos entrar en el dolor del mundo mientras disfrutamos simultáneamente de la creación de Dios. Una forma en que Jesús imaginó que los dos extremos encajaban era instruirnos para invitar a los pobres a nuestras cenas. Si no conoces a ningún pobre, ¿cómo puedes invitarlos a tu casa a cenar? No se puede. Jesús espera que vayamos a ellos (en las "carreteras y caminos" - Lucas 14:23) y construyamos relaciones (ya que las barreras culturales les impiden venir a nosotros). Entrar intencionadamente en su pobreza es el camino de Jesús. Él entró en nuestro mundo; nosotros entramos en el de los demás escuchando su dolor y experimentándolo con ellos como intenté hacerlo en los cuatro viajes de ayuda por el Katrina que mencioné antes. Te sorprenderá la alegría que los pobres tienen en Dios, y aprenderás de cómo adquieren fuerza en el Señor. Al "tomar su parte del sufrimiento" (2 Timoteo 2:3), encontrarás que no hay mayor satisfacción que compartir el amor de Dios con los pobres. La alegría de la intimidad con Jesús que me inundó en esos viajes de socorro por el Katrina solidificó el llamado de mi vida para empoderar a los pobres. Me encontré más cerca que nunca de Jesús, quien "por el gozo que le fue dado soportó la cruz" (Hebreos 12:2). ¡Ves que los dos extremos del espectro del ayuno y del banquete realmente van juntos!

NO HAY SUSTITUTO PARA EL MINISTERIO PRESENCIAL

¿Qué tan involucrados estamos llamados a estar con el sufrimiento? ¿Es suficiente con donar? Para algunos, firmar un cheque puede ser como marcar una casilla. Eso es importante, pero también puede ser una forma fácil de salirse del enredo de las vidas desordenadas de los pobres - un medio de mantener nuestra distancia. Distancia corporal. (O "distanciamiento social" en nuestro nuevo mundo de COVID-19.) En cambio, realmente seguimos a Jesús cuando tocamos a un leproso. Mientras escribo, el mundo se está volviendo loco por la propagación del Coronavirus. ¿No abordaría Jesús el crucero en cuarentena para tocar a los intocables? Muchos de sus primeros seguidores romanos se quedaron para cuidar a los enfermos mientras que la mayoría huyó de Roma para escapar de la infección. El obispo Dionisio describió cómo los cristianos, "Sin importar el peligro... se hacían cargo de los enfermos, atendiendo todas sus necesidades"

(Cristiano-Epidemia-2000-Years-Should-I Still Go to Church-Coronavirus, 2020). Su ministerio presencial encarnaba a Cristo como su dinero no lo hubiera hecho.

COMPARTIR EN EL SUFRIMIENTO

Lo más cerca que estuve de esto fue visitando - quizás imprudentemente - a un amigo hospitalizado enfermo de tuberculosis. Esto fue en Haití, un lugar arriesgado dados los frecuentes disturbios, la contaminación del aire, y las hordas de camiones Mack corriendo en medio de las carreteras estrechas a velocidades vertiginosas. En otro viaje de negocios a Haití, que casi fue cancelado en el momento más álgido del brote del virus Chikungunya – yo había durado toda la semana sin una picadura de mosquito conocida. Sentado en el patio del Hotel Arawak en Leogane, me jacté de mi buena suerte de esquivar el Chikungunya – cuando en ese mismo momento – un mosquito inyectó su malvada aguja en la vena no demasiado tímida de mi antebrazo derecho. Una rápida bofetada de mi mano izquierda manchó mi propia sangre. Mi risa se mezclaba con miedo, por una buena razón. Después de unos días de incubación, comenzaron los síntomas de la gripe. Afortunadamente el mío fue un caso leve, de dos semanas. Mi colega no fue tan afortunado, sufriendo peores síntomas durante varios meses. Yo sentí que tal solidaridad, aunque con poca disposición, era vagamente buena para mi alma, dándome una pequeña muestra de los riesgos a los que se enfrentan mis hermanos y hermanas en países en vía de desarrollo las 24 horas del día. Poco después del terremoto de Haití de 2010, Kent Annan escribió: "El evangelio no sólo nos rescata de la lucha espiritual. También nos invita a luchar junto con otros" (Annan, 2010). Pero, ¿cómo? De la manera que Dios lo requiera. Debemos estar dispuestos a darlo todo: talento, tesoro y tiempo (que es lo que más me tienta a atesorar) para bendecir a los necesitados.

ENTRANDO EN LAS DIFICULTADES HONDUREÑAS

Nuestro programa de mentores empresariales de Creating Jobs Inc. expandió mi compasión naturalmente anémica hacia mis vecinos globales. Con la vista, la mente - y el corazón. Pero el amor se muestra en persona. Sólo Jesús hizo esto completamente, pero los pequeños pasos dados en su camino me abrieron los ojos a las tensiones diarias que sufren los hermanos y hermanas hondureños: el miedo a la extorsión de las bandas lo paraliza todo, el gobierno puede aumentar el impuesto sobre las ventas en un 3% sin previo aviso, y la corrupción política drena constantemente la confianza del público como una herida que gotea sangre. Sin embargo, incluso en este ambiente asfixiante, hay personas valientes que se atreven a construir un futuro mejor para sus familias. Me gustaría que conocieras a dos de ellos: Carlos y Leidy, ambos miembros de la Iglesia de Dios a quienes conocimos a través de una institución de microfinanzas llamada Proyecto Aldea Global.

GENTIL Y AMABLE CARLOS

Carlos es seguro, pero no arrogante, musculoso, pero no intimidante. Su mirada fija con ojos sonrientes te hace sentir tan cómodo contigo mismo como él lo está consigo mismo. Su amabilidad con los empleados de su taller de máquinas personifica al "sabio como una serpiente, inofensivo como una paloma" de Cristo. Es el tipo de jefe al que no quieres decepcionar, pero no por miedo. Él irradia amabilidad y tranquilidad. Con cejas gruesas, una sonrisa fácil, y un poco de peso extra, es como un padre al que quieres abrazar.

Durante nuestra última visita, el compartió cómo había terminado de construir una nueva casa para su esposa (Giselle) y sus dos hijos (Roberto y Abigail). Giselle, una profesora de física de la escuela secundaria, ha ayudado a Carlos a mejorar sus diseños de acuerdo con las leyes de la física. Ella ha estado trabajando en su maestría como un paso para convertirse en profesora en una universidad que concedería matrículas gratuitas a sus hijos.

El Corazón de la Riqueza

Carlos estaba trabajando en varios contratos para expandir su taller de máquinas, incluyendo blindajes de coches para individuos y para la policía. Su don para los negocios y su receptividad a las observaciones de los mentores de Creating Jobs lo llevaron a desarrollarse como un "mentor local" que se unió a nosotros para entrenar a otros tres empresarios de Tegucigalpa. ¡Qué gran adaptación! Él no dijo mucho en esas sesiones de tutoría, pero lo que dijo fue impactante, ofreciendo una conexión útil, un fragmento relevante de su propia experiencia, o una palabra de consuelo.

Carlos (a la izquierda) en su primera visita de negocios como mentor local.

Sintiéndonos tan bendecidos por su amistad y su trabajo en equipo, nos conmovió hasta la médula este correo electrónico de tres frases (crudo y abrupto) del 2 de marzo de 2018 de nuestra organización asociada en Honduras: "Desafortunadamente, debo informarles que Carlos Almendares murió ayer. Parece que murió en el trabajo, una pesada máquina cayó sobre su cabeza. Yo lamento mucho esta pérdida". No me lo creo. Las palabras no tenían sentido. Qué pérdida tan indecible para Giselle, para Roberto, para Abigail. Mientras que nuestra donación ayudó en su funeral, la solidaridad que más les animó fue la de los miembros de la iglesia local que lloraban con ellos a diario y les proporcionaban cuidados prácticos. El hecho de estar conectado con la mayor tasa de mortalidad temprana en el mundo en desarrollo (debido a factores como las deficiencias en seguridad, nutrición, sanidad y medicina) ha aumentado mi capacidad de compasión, me ha dado una visión más sobria de la vida y pone en perspectiva mis propios "problemas del primer mundo". Cuando la iglesia global se apoya mutuamente, recuerda a los creyentes que sufren que no están solos, que no han sido olvidados.

RESISTENTE Y VALIENTE LEIDY

Leidy Anariba es una llamativa belleza mestiza de veintitantos años, cuyo rostro combina el refinamiento español con la resistencia amerindia y cobra vida con una brillante sonrisa - curiosamente cálida pero nerviosa y que rápidamente retrocede a la solemnidad. Sintiéndose insegura por su limitada educación, sus ojos se alejan de los nuestros después de conectar brevemente. Ella confía en su talento intuitivo para hacer carteras y zapatos que se ajustan a los presupuestos y gustos de los hondureños de bajos ingresos, pero se siente indigna de ser asesorada por empresarios gringos que viven mundos aparte de la improvisada habitación donde ella trabaja e intenta dormir en la colonia de Las Torres, que ha ayudado a Tegucigalpa a ganarse la reputación de ser la capital mundial del asesinato. De hecho, esa infamia había violado su hogar y paralizado su espíritu el 11 de julio de 2014, cuando su hermano Oscar, de 32 años, fue asesinado a tiros al atardecer por las maras (pandillas) mientras intentaba volver a casa después del trabajo. Su presencia perdura en un monumento conmemorativo en la pared de su casa (véase más abajo) y en una tristeza que atenúa la sonrisa de sus ojos sobrios. Ella quiere abrazar la alegría de la vida, pero la angustia ha atrofiado su esperanza. Ayudamos a Leidy a pensar en formas de conmemorar a Oscar, y luego ella sollozó mientras le leíamos sobre el día venidero cuando "Él enjugará toda lágrima de sus ojos". No habrá más muerte, ni luto, ni llanto, ni dolor, porque el antiguo orden de las cosas ha pasado. El que estaba sentado en el trono dijo: "¡Estoy haciendo todo nuevo!" (Apocalipsis 21:4-5).

Un mes después del asesinato de Oscar, Leidy pudo juntar suficientes argumentos en su psique destrozada para reiniciar su negocio. Con el tiempo ella recuperó su orientación y reconstruyó su base de clientes y su volumen de producción (¡una cantidad asombrosa de 90

bolsos y 12 pares de zapatos al día!). A finales de 2014, ella estaba entrenando a su hermano menor (26 años) Marvin (en la foto con Leidy abajo) para que se convirtiera en su principal zapatero. Durante nuestra sesión de tutoría de enero de 2015, estábamos intentando que Marvin, aún más tranquilo que Leidy, hablara sobre su vida y su oficio. La palanca que finalmente liberó su entusiasmo fue una pregunta sobre sus planes futuros. Aliviados por el hecho de que su esperanza sobre el futuro no había sido completamente sofocada por el asesinato de Oscar, vimos surgir la amplia y familiar sonrisa de Anariba mientras exponía sus planes para eventualmente abrir su propio negocio de fabricación de zapatos, ¡una idea totalmente respaldada por su orgullosa hermana mayor!

Después de aprender que los zapatos eran su producto más rentable (con un margen de beneficio del 48%), ellos siguieron nuestro consejo y comenzaron a entrenar a otro empleado, Daniel, para ayudar a aumentar su producción de zapatos. Aunque ellos habían estado considerando añadir pantalones y blusas como nuevas líneas de productos, siguieron nuestra sugerencia de renunciar a esto ya que tenían incluso menores márgenes que los bolsos. Esto les permitió concentrar su capital y su mano de obra en los zapatos que caminaban por la calle tan rápido como podían ensamblarlos. Cuando terminamos nuestra sesión de dos horas, dijimos "hasta la vista", sin saber que sería la última conversación que compartiríamos en esta tierra.

Un par de meses más tarde, el 15 de abril de 2020, las maras volvieron a atacar sin previo aviso y con una fuerza devastadora. A las 2:40AM, tres pandilleros se colaron en el taller de su casa y vaciaron sus armas automáticas en la forma dormida de Marvin René Anariba Manzanares. Él murió instantáneamente al igual que su esposa de 19 años, Evelyn Iveth Cruz Dubon, que había estudiado costura en una escuela de oficios y había ayudado a hacer los bolsos. No hubo ninguna disputa, sólo disparos, en la misma sala en la que habíamos ofrecido tutoría de negocios en nuestras visitas trimestrales. En medio de su indecible dolor e incredulidad, Leidy tuvo que identificar los cuerpos ante las autoridades. Tan inútil y reflexiva como huir de un tsunami o de un flujo piroclástico, Leidy trató de distanciarse de los brutales asesinatos de sus hermanos mayores y menores huyendo de su casa, su colonia, su ciudad... para siempre. Tal dolor sólo lo conoce Jesús y lo soporta. (Historias como ésta revelan el nivel de desesperación que empuja a los hondureños a migrar hacia el norte por amenazas contra su vida.)

RELACIONES DENTRO DEL CUERPO DE CRISTO

Si yo no hubiera conocido a Leidy, la muerte de sus hermanos habría sido otro titular rápidamente olvidado del mundo en desarrollo donde la vida es más barata y la muerte más rápida. Pero cuando leí el artículo de El Heraldo (Sucesos, 2020), la foto mostraba a los oficiales forenses llevando una bolsa de cadáveres llena de sueños rotos y brutalidad satánica.

Como pueden ver (arriba), la imagen revela inquietantemente el contorno del cuerpo de Marvin que descansa en un lugar del mismo balcón donde yo había estado un par de meses antes. Ellos estaban arrastrando sus rígidos restos desde la habitación donde yo había tomado la última fotografía de su rostro, demasiado joven para morir. Marvin. Evelyn. Oscar. A ellos les fue robada su sangre vital sin otra razón que el deseo de una banda de mantener el control de una colonia por medio del terror. ¿Qué evitó que esto fuera otro titular de noticias rápidamente olvidado para mí? Para decirlo dolorosamente obvio: yo conocía al hombre de la bolsa.

Cuando conocemos a los pobres, sus problemas se vuelven más reales. Comenzamos a preocuparnos. Ya no son una estadística o un estereotipo, sino un compañero humano, un vecino al que estamos llamados a amar. Y ese sentido de conexión es una necesidad importante ya que el aislamiento es un elemento definitorio de la pobreza. Así que, además de las dificultades físicas, las verdaderas causas de la pobreza son psicológicas y sociales.

Así que, si quieres ayudar a los pobres, haz más que enviarles tu dinero, conócelos personalmente. El costo en dolor será compensado por una creciente semejanza con Jesús que "tomó nuestras enfermedades y se llevó nuestros dolores" (Isaías 53:4). "Considero que nuestros actuales sufrimientos no son dignos de comparación con la gloria que se revelará en nosotros" (Romanos 8:18). Es la gloria de la humildad, de la crucifixión. Al compartir el dolor (de Cristo y su pueblo), compartimos la gloria. La importancia de nuestra presencia en las vidas de Leidy y Marvin, Carlos y Giselle no está en nuestras identidades individuales sino como representantes de la iglesia global porque "en Cristo nosotros, aunque somos muchos, formamos un solo cuerpo, y cada miembro pertenece a todos los demás" (Romanos 12:5). "Si una parte sufre, cada parte sufre con ella; si una parte es honrada, cada parte se regocija con ella" (1 Corintios 12:26). Ustedes también pueden unirse a la preocupación y oración por estos otros miembros del único cuerpo de Cristo. Y esto está lejos de ser una relación unidireccional; nosotros los necesitamos desesperadamente de muchas maneras, incluyendo sus estelares ejemplos de hábitos elogiados en este libro: dependencia de Dios, generosa hospitalidad e inquebrantable gratitud.

COMPASIÓN MÁS CERCA DE CASA

Aunque me apresuro a invitarlos a unirse a nuestra misión de "co-crear negocios y comunidades prósperas" en algunos de los lugares más vulnerables del mundo, me doy cuenta de que entrar en las luchas de otros es también un llamado diario que está mucho más cerca de casa. En mi caso, a veces permito que mi enfoque en el alivio del sufrimiento global limite mi presencia comprensiva con mi esposa, que es una enferma crónica. ¡Eso no está bien! Karen es mi compañera de pacto, la vecina a la que más estoy llamado a amar. Yo necesito estar al tanto de su sufrimiento, incluyendo la compenetración con los informes diarios (desde 1999) de fatiga, dolor y pena por las capacidades perdidas. Esta es una oportunidad diaria para dar forma a mi corazón como el de Cristo. ¿A qué corazón estás llamado a entrar?

VIVIR EN LA PARADOJA

Seguir los pasos de Cristo requiere entrar de lleno en la alegría y el dolor, en el banquete y el ayuno, en la alabanza y el lamento. Como

Jesús, que lloró por la muerte de Lázaro y luego la revirtió, debemos sentir el quebrantamiento del mundo en nuestras entrañas mientras nos regocijamos en la forma en que el Rey ya está arreglando las cosas. No es una tarea fácil mantener unida esta tristeza y alegría cósmica como una comunidad de fe: alegrarse con los que se alegran y llorar con los que lloran. Mejor aún, debemos buscar la alegría en medio del sufrimiento mientras nos esforzamos por vislumbrar (y participar en) el propósito redentor del Padre - como Jesús en Getsemaní: "Por la alegría puesta delante de él, él soportó la cruz, fue despreciado en vergüenza, y se sentó a la diestra del trono de Dios" (Hebreos 12:2). Mantener juntas la alegría y la tristeza nos parece como mezclar fuego y hielo o sushi y perros de chile o jeans ajustados y botas de vaquero. Podemos aprender a vivir con esta tensión de la iglesia afroamericana. Con sus raíces en los cantos espirituales de africanos esclavizados en los sofocantes campos de algodón del Sur, la música Gospel celebra la esperanza futura mientras se llora la opresión presente. Y, por supuesto, el Libro de los Salmos ha dado voz durante casi 3.000 años a las alabanzas más brillantes y a las penas más oscuras de la humanidad. Definitivamente necesitamos que Jesús nos muestre cómo el lamento y la alegría pueden ser gemelos (¡fraternos, no idénticos!). Por su Espíritu, podemos abrazar tanto a las fiestas como los funerales que Dios pone ante nosotros.

¿ES ESPIRITUAL SER POBRE O RICO?

El pastor Tom Nelson advierte contra dos distorsiones comunes de la enseñanza de la Biblia sobre las posesiones: el "evangelio" de la pobreza y el "evangelio" de la prosperidad - cada uno atribuye la virtud espiritual a la ausencia o presencia de la riqueza. Él dice que "Según Dallas Willard, "La idealización de la pobreza es una de las ilusiones más peligrosas de los cristianos en el mundo contemporáneo. La administración que requieren las posesiones e incluir el dar, es la verdadera disciplina espiritual en relación con la riqueza" (Willard, 2020). Nelson concluye que "el empobrecimiento material no es más intrínsecamente espiritual que la abundancia material". En todas las circunstancias económicas, ya sean sombrías o brillantes, se requiere una administración fiel y fructífera de todo lo que Dios nos confía" (Nelson, La Economía del Amor Altruista, p. 36). Aunque la creación de Dios es buena y por lo tanto parte de las bendiciones generales de Dios otorgadas a la humanidad, el hecho de tener mucho no indica el favor especial de Dios a ciertos individuos o sociedades. De hecho, Jesús dice esto mientras enseña a sus seguidores a ser como Dios que ama a sus enemigos: "Hace salir el sol sobre malos y buenos, y hace llover sobre justos e injustos" (Mateo 5:45). Y hay millones en la Iglesia global que tienen menos que yo, pero no son menos amados por Dios ni dejan de "caminan en su favor". La prosperidad financiera suele ser un resultado natural del trabajo duro y la integridad, pero esos efectos suelen quedar anulados por la falta de derechos de propiedad, de cumplimiento de contratos y de infraestructura. Es aún más difícil crear riqueza en un entorno de excesiva burocracia y corrupción o violencia - de los gobiernos o las pandillas. Así que, la prosperidad o la falta de ella, no es un reflejo de tu fe. Nuestra justicia viene sólo de Cristo, sólo por la fe, sólo por la gracia. Todo es de gracia, incluyendo la gracia común a través de la cual Dios provee para toda la humanidad.

Las tentaciones se encuentran en las posesiones y en la falta de ellas. Tal vez por eso Agur le pide a Dios en Proverbios 30:8-9 que:

"No me des pobreza ni riqueza,

   sino dame sólo mi pan de cada día.

De lo contrario, podría tener demasiado y repudiarte

   y decir: "¿Quién es el Señor?

O puedo volverme pobre y robar,
y así deshonrar el nombre de mi Dios."

Con dinero o sin él, estás llamado a "poner tu carga sobre el Señor" (Salmo 55:22), a buscarle para que te libere y te sostenga, y a "invertir en favor de los hambrientos" (Isaías 58:10).

Así que hemos visto que una fuerte fe, se encuentra tanto entre los pobres como entre los ricos. La riqueza no necesariamente señala el favor de Dios, ni la pobreza prueba su falta de favor. La pobreza no nos hace santos, pero compartir el sufrimiento de los demás es una forma importante de seguir a Jesús. Él entró voluntariamente en el dolor de los demás, tanto llorando con ellos como secando sus lágrimas a través de curaciones que anticiparon su llegada al Reino. Nosotros también debemos aprender a lamentarnos y regocijarnos simultáneamente con otros miembros de su cuerpo. Los creyentes de los países en desarrollo y de los centros urbanos son uno con nosotros en Cristo, por lo que la solidaridad con ellos no es opcional. Debemos compartir juntos tanto las fiestas como los funerales, porque "en Cristo, aunque somos muchos, formamos un solo cuerpo, y cada miembro pertenece a todos los demás" (Romanos 12:5).

Capítulo 4 | Cultivar la Creación

DISFRUTANDO DE LA CREACIÓN DE DIOS

Las personas que buscan primero el Reino de Dios (Mateo 6:33) requieren de desprecio por esta vida, este cuerpo, este lugar? No. Todo lo contrario, según los más sabios. Pregúntale a Martin Lutero o CS Lewis o John Wesley. Todos nos aconsejan que disfrutemos de la deliciosa diversidad de espacios naturales de la Tierra y de la gente singular, de las criaturas caprichosas y de la colorida flora. Los disfrutamos más, no menos, por causa de Dios. De hecho, debemos ver en la belleza y complejidad de la creación, destellos de la gloria del Creador.

> "La Tierra está repleta de cielo,
>
> Y cada arbusto común arde con Dios;
>
> Pero sólo el que ve,
>
> se quita los zapatos"

(Authors/Elizabeth Barret Browning Quotes, 2020).

El poeta hace eco de la experiencia de la gente piadosa a través de los tiempos, incluyendo al salmista que escribió:

> "Porque tú, oh Señor, me has alegrado con tu obra;
>
> por las obras de tus manos canto de alegría"
>
> (Salmo 92:4).

YENDO DEMASIADO LEJOS

Los problemas surgen sólo cuando intentamos disfrutar de la criatura *sin* el Creador (como en la pornografía). No honres el regalo por encima del Dador (como en la adoración de la naturaleza). Así dice el autor de hebreos mientras implacablemente destaca la supremacía de Cristo: "Jesús ha sido hallado digno de mayor honor que Moisés, así como el constructor de una casa tiene mayor honor que la casa misma. Porque toda casa es construida por alguien, pero *Dios es el constructor de todas las cosas*" (Hebreos 3:3-4). Esta última línea nos recuerda que debemos buscar la obra de Dios en todos y en todo, incluyendo la obra de nuestras propias manos. Dios "trabaja en nuestras obras" (Hood, 2013, p. 55). Incluso una casa de ladrillos y mortero puede llevarnos a adorar a Dios - o a nosotros mismos. Oro para que yo elija correctamente y oro lo mismo por ti.

CULTIVAR LA TIERRA DE DIOS

El rey Salomón reflexiona sabiamente sobre la vida: "Esto es lo que he observado que es bueno: que es apropiado que una persona coma, beba y encuentre satisfacción en su laborioso trabajo bajo el sol durante los pocos días de vida que Dios le ha dado, pues ésta es su suerte. Además, cuando Dios da a alguien riquezas y posesiones, y la capacidad de disfrutarlas, de aceptar su suerte y ser feliz en su trabajo, esto es un regalo de Dios" (Eclesiastés 5:18-19). Dios quiere que disfrutemos de su buena creación. Él se deleitó en su propia obra de creación, la llamó "muy buena", y "a él le gusta que nosotros disfrutemos de su mundo, y él trabaja en nuestras obras" (Jason Hood, <u>Imitando a Dios en Cristo</u> p.55).

Por supuesto, podemos unirnos al deleite de Dios, de su creación, sin cuidar cinco acres de robles vivos curvilíneos. Pero incluso la propiedad y el desarrollo de la propiedad cumple el plan de Dios para que lo reflejemos. "Como portadores de la imagen de Dios, nuestro cuidado y protección de la tierra es, por lo tanto, un reflejo del cuidado y protección que Dios nos muestra" (Moo & Moo Creation Care: Una Teología Bíblica del Mundo Natural, p.78). Él nos puso aquí para gobernar sobre la creación y reflejar su gloria y creatividad en toda ella. Considere Génesis 1:26-28. Cinco veces en estos tres versículos, Dios nos coloca "sobre" todas las plantas y animales. Tim Keller nota que "el mandamiento de 'someter' indica que, aunque todo lo que Dios había hecho era bueno, todavía estaba en gran medida sin desarrollar. Dios dejó la creación con un profundo potencial sin explotar, para el cultivo que la gente debía realizar a través de su trabajo" (Keller, p. 36). "Este es el primer mandamiento que Dios nos dio, y nunca lo ha retirado. Él no quería que su prístina creación permaneciera igual, sino que ordenó a Adán y Eva que la mejoraran" (Wittmer, <u>El Cielo es un Lugar en la Tierra</u> p.124). Así, Dios trabaja a través de la creatividad de sus administradores para cultivar su creación para bendecir y proveer a la humanidad. La "administración" suele traer dinero y talentos a nuestras mentes que con frecuencia nos hacen olvidar este primer mandato de administrar la tierra de Dios. Las decenas de árboles de varias especies que he plantado en nuestra propiedad, así como nuestra casa casi terminada, está sacando a relucir el potencial de esta tierra para reflejar la belleza de Dios y para bendecir a otros - empezando por mi esposa enferma.

LA GRACIA DE DIOS PARA KAREN

Jesús nos instruye a usar la riqueza para construir relaciones (Lucas 16:9), y aquí está el servicio a mi prioridad terrenal. Después de soportar cinco años de estar casi postrada en cama con la enfermedad de Lyme, Karen ha estado casi confinada en su casa durante unos 10 años mientras lucha diariamente para recuperar su salud. (La debilitante fatiga excluyó la posibilidad de criar hijos.) Para dificultar su recuperación hay varios pequeños factores estresantes: los cigarrillos del vecino, el ruido del tráfico, la escasa luz y aire fresco, incluso el zumbido de las líneas eléctricas de "alimentación". Ella anhela profundamente el aire libre, aunque la mayoría de las veces se queda en casa. La tranquilidad de los árboles y los pájaros que se ven a través de las grandes ventanas deberían aumentar enormemente su calidad de vida. (Ella ha mencionado varias veces lo que siente por la gente que actualmente está en cuarentena por el COVID en apartamentos estrechos o sin ventanas)

UN DOBLE PROPÓSITO PARA LAS BENDICIONES MATERIALES

Dios espera que los creadores de riqueza usen su don espiritual (Deuteronomio 8:18) de agregar valor para bendecir a otros para su gloria. Pero espera; ¿es esa la única razón por la que Dios la provee? ¡NO! ¡Las Escrituras revelan que Dios "nos provee ricamente de todo para nuestro disfrute" (1 Timoteo 6:17)! Pablo estaba luchando contra los gnósticos que seguían la idea de Platón de que como el mundo físico es malo, deberíamos enfocar nuestras vidas únicamente en asuntos espirituales más elevados. Incluso las grandes mentes de Agustín y Calvino (que se refirieron a "esta prisión terrenal del cuerpo") fueron contaminadas por este pensamiento.

NUESTRO DIOS EN LA TIERRA

Pero, ¿realmente planea Dios desechar este lugar y estos cuerpos, dándonos buenas razones para empezar a despojarnos de los apegos terrenales tan pronto como sea posible? La elevada filosofía de Platón parece a primera vista encajar con seguir a Jesús, pero Pablo no se lo creía. Él predicaba a un Dios terrenal que pisaba los polvorientos senderos galileos y navegaba por su mar borrascoso. Él vio que el dualismo de Platón estaba desfigurando la fe en su Dios que bajó a la tierra y que hizo a Adán del barro, eligió una familia humana específica y liberó a sus descendientes de la esclavitud física, dio leyes en piedra y maná del cielo en el camino a su tierra "prometida" donde fluye leche y miel, requirió sacrificios sangrientos de animales en un espléndido templo diseñado por el propio Dios y construido por artesanos cuyo talento con la madera, piedra y metal fueron inspirados por el Espíritu de Dios, guio a profetas y Reyes a escribir libros sobre pergaminos de papiro, y finalmente envió a su Hijo a asumir una naturaleza y un cuerpo humano con sus limitaciones e incomodidades concomitantes, sufrir el rechazo y la ejecución, y resucitar con un cuerpo indestructible pero aún muy físico. Esa resurrección es el anticipo del día en el que él anunciará triunfalmente: "¡He aquí que hago nuevas todas las cosas!" (Apocalipsis 21:5). "Todas las cosas" incluyen nuestros propios cuerpos resucitados y una tierra restaurada unida a la Nueva Jerusalén. Juan vio "la ciudad santa, la nueva Jerusalén, bajando del cielo de Dios, preparada como una novia adornada para su marido. Y él escuchó una fuerte voz desde el trono diciendo: "He aquí la morada de Dios con el hombre. Él morará con ellos, y ellos serán su pueblo, y Dios mismo estará con ellos como su Dios" (Apocalipsis 21, 2-3).

EL FUTURO DE DIOS PARA LA TIERRA

Así que, lejos de un proyecto de demolición, Dios está haciendo aquí una completa restauración. Él ha hecho un compromiso a largo plazo con este lugar, plasmado en el nombre mesiánico "Emmanuel", que significa "Dios con nosotros". El profesor Michael Wittmer señala que con frecuencia lo entendemos al revés - "nosotros con Dios" - cuando olvidamos que Dios restaurará todas las cosas y vendrá a vivir en una tierra renovada ¡"con nosotros"! Entonces, ¿por qué ceder a la falsa culpa de disfrutar del "mundo de nuestro Padre"? Apocalipsis 11:15 revela que "El reino del mundo se ha convertido en el reino de nuestro Señor y de su Cristo, y él reinará por los siglos de los siglos". Esta es la respuesta final a la oración del Señor: "Venga tu reino, hágase tu voluntad en la tierra como en el cielo" y el cumplimiento de Habacuc 2:14: "Porque la tierra será llena del conocimiento de la gloria del Señor como las aguas cubren el mar."

LA CREACIÓN QUE AFIRMA LA NATURALEZA DE JESÚS

Él Hizo esta creación "muy buena" y se negó a desecharla cuando la contaminamos. En su lugar, a un gran costo, él eligió redimirnos a nosotros y a todo el cosmos que hemos envenenado junto con nosotros. Esto implicó que el Creador entrara en su Creación como una criatura que puede ser tocada en cuerpo y alma. ¡Muy terrenal! Ya hemos tocado el tema de Dios en carne y hueso como evidencia de cómo él aprecia su creación, pero aquí merece una mirada más cercana de un par de profesores del Nuevo Testamento padre-hijo: "No hay demostración más dramática de la bondad de la creación que la encarnación de Jesucristo. Que aquel que es totalmente diferente, el Señor del universo, tome las cosas materiales de esta tierra y entre en la vida terrenal, polvorienta, sudorosa y sangrienta de este mundo es la afirmación más radical de que el mundo sigue siendo la arena de la gloria de Dios, por muy amenazado que esté por el pecado y la corrupción... La encarnación descarta para los cristianos cualquier filosofía que niegue la realidad o la bondad del mundo físico. Si Dios mismo puede asumir las cosas de esta tierra, entonces las cosas materiales de esta tierra no pueden ser malas, una carga de la que deshacerse o un obstáculo para encontrar a Dios" (Moo, 2018, pp. 114, 115). La resurrección de Cristo reafirma el compromiso terrenal de su encarnación. Aunque el cuerpo de la resurrección de Cristo tiene cualidades que superan con creces a nuestros cuerpos actuales, ¡no obstante es bastante físico y humano incluso ahora! Es una sorpresa la primera vez que lo consideras. Incluso suena herético para nuestros oídos gnósticos manchados, pero si le preguntas a cualquier teólogo evangélico, encontrarás que esta idea es 100% ortodoxa. ¡Jesús es uno de nosotros para siempre!

ACCIONES DE JESÚS QUE AFIRMAN LA CREACIÓN

Este Dios de carne y hueso se deleitó en combinar los dones de Dios con la madera, el trabajo y el talento como carpintero. Luego, como rabino poco convencional, tocaba a los leprosos, niños y mujeres. Era un vinicultor al menos en una ocasión, se le encontraba a menudo en banquetes (con toda la gente equivocada) y fue acusado de ser un "glotón y borracho, amigo de recaudadores de impuestos y pecadores" (Lucas 7:34). Como Dios se regocijó por su creación en el Génesis, Jesús no se disculpó por disfrutar de comidas sabrosas y gente desagradable. Él se sentía atraído por el aire libre (¡que él creó!) donde se reunía con su Padre. "Su enseñanza es mayormente al aire libre, a lo largo de la orilla del mar, en un barco, en la ladera de una montaña, sobre la hierba verde" (Moo, 2018, p. 21).

PALABRAS DE JESÚS QUE AFIRMAN LA CREACIÓN

Sus parábolas presentaban escenas cotidianas de "pesca y agricultura, flores y aves" (Wittmer, Worldly Saints, 2015, Capítulo 7). Con sus manos traspasadas por los clavos, él preparó el desayuno en la playa para Simón Pedro. Él no enseñó que nuestros cuerpos fueran el problema. En cambio, dijo: "Porque del corazón salen los malos pensamientos: homicidio, adulterio, inmoralidad sexual, robo, falso testimonio, calumnia" (Mateo 15:19). Jesús no permite que culpemos de nuestros pecados a la parte física en nosotros - nuestros cuerpos. No. "No somos parcialmente buenos (alma) y parcialmente malos (cuerpo), sino totalmente caídos (tanto el cuerpo como el alma) de nuestra creación totalmente buena" (Wittmer M., Worldly Saints, 2015).

APÓSTOLES VS. GNÓSTICOS SIEMPRE-TAN-ESPIRITUALES

Pablo tenía cosas positivas que decir a los corintios sobre nuestros cuerpos redimidos, llamándolos "templos del Espíritu Santo" (1 Corintios 6:19) y enseñando a los creyentes romanos a "presentarse a Dios como los que han sido traídos de la muerte a la vida; y presentando a los miembros de su cuerpo como instrumentos de justicia" (Romanos 6:13). En una tercera carta (a su discípulo Timoteo), Pablo sigue luchando contra los gnósticos más elevados afirmando el disfrute del sexo y la comida dentro de los límites adecuados: "Ellos prohíben a las personas casarse y les ordenan abstenerse de ciertos alimentos, que Dios creó para ser recibidos con agradecimiento por los que creen y conocen la verdad. Porque todo lo que Dios creó es bueno, y nada es de desechar si se recibe con agradecimiento" (1 Timoteo 4:3-4). El profesor Wittmer ofrece su visión sobre estos versos: "Pablo declara que lo que en la superficie parece ser un gran acto de piedad (privar al cuerpo para que el espíritu sea libre de contemplar las realidades superiores) es en realidad demoníaco. Esto no es auténtica espiritualidad, ya que la verdadera piedad respetará y apreciará todas las obras de Dios, incluyendo este mundo físico que él ha hecho. Por lo tanto, Pablo anima a Timoteo a disfrutar de la creación" (Wittmer). De hecho, "nuestro amor por sus dones nos lleva de vuelta a su generoso corazón" (Wax, Prólogo a los santos del mundo, 2015). Eso debería conmover nuestros corazones y evocar un enorme "¡Gracias!" Muchas gracias.

Capítulo 5 | La Gratitud Desplaza a las Malas Hierbas del Corazón

GRATITUD NO CULPA

Así que debemos recibir con alegre gratitud todo lo que Dios nos provee. En lugar de sentirnos culpables de ver que los que viven en barrios marginales contaminados tengan menos oportunidades de disfrutar de la abundancia de la creación de Dios, deberíamos co-crear con ellos para ampliar esas oportunidades. Dos veces en estos dos versículos (1 Timoteo 4:3-4), Pablo especifica que la "acción de gracias" es la postura adecuada para recibir la abundancia de Dios. En este sentido, Karen me ha estado amonestando para que yo reciba nuestro nuevo hogar como un regalo de Dios que está rebosante de generosidad, gracia. Recibe. Sólo agradece. Sé humilde por esta muestra de nuestro Dios misericordioso que "da a todos vida y aliento y todo lo demás" (Hechos 17:25). Dios realmente es así de bueno.

GRACIA EN EL SUFRIMIENTO

La bondad de Dios también se revela - de manera no material - a aquellos que experimentan pobreza material y persecución. Por ejemplo, el pastor iraní Farshid Fatah fue encarcelado durante seis años por el crimen de seguir a Jesús. Mientras él estuvo en confinamiento solitario, la mayor parte del tiempo, la bondad de Dios estuvo cerca en formas que no solemos experimentar: "Farshid describió su difícil experiencia como un encantador desierto donde su buen pastor estaba con él" (Nelson p.37). Esa es una descripción inesperada de la prisión y la tortura, sin embargo, él también estaba agradecido por los regalos que recibía de Dios. Tal vez esta gracia fue como la que el personaje bíblico de José experimentó cuando él también fue injustamente encarcelado: "El Señor estaba con José" (Génesis 39:21).

LA GRATITUD CURA CINCO ENFERMEDADES DEL CORAZÓN

Afortunadamente, la gratitud aleja nuestros corazones de estas cinco actitudes tóxicas: orgullo, derecho, presunción, posesividad y envidia. Echemos un vistazo rápido a cada una de estas enfermedades del corazón.

1. *La gratitud excluye al orgullo*, ya que reconoce que la Fuente está fuera de nosotros: "¿Qué tienes que no hayas recibido? Y si lo recibisteis, ¿por qué os jactáis como si no lo hubierais recibido? Todo lo que tenemos es por la mano de Dios, y expresar regularmente la gratitud nos recuerda que nuestros logros y posesiones son en última instancia de Dios: "Puedes decirte a ti mismo, 'Mi poder y la fuerza de mis manos me han producido esta riqueza'. Pero acuérdate de Jehová tu Dios, porque él es quien te da la capacidad de producir riquezas" (Deuteronomio 8:17-18). Si no agradeces a Dios por todo lo que tienes, tu corazón puede empezar gradualmente a felicitarse por hacerlo todo tú mismo, por construir un espléndido imperio. Podemos darle el crédito - o pagar el precio. "A los que andan con orgullo los puede hacer humildes" (Daniel 4:37) - ¡incluso humillarlos! Nabucodonosor, por ejemplo. Él fue quien dijo esas mismas

palabras - por experiencia. Una experiencia insoportable. Cuando él empezó a aplaudirse a sí mismo, Dios pensó que era una locura que una simple criatura cantara sus propias alabanzas tan alto. Así que el verdadero Dios degradó a este semidiós del palacio al pasto. Literalmente lo envió a pastar en cuatro patas durante siete años. ¡Mastica ese dulce bebé! Así es como sucedió: "...mientras el rey caminaba por el techo del palacio real de Babilonia, dijo, "¿No es esta la gran Babilonia que he construido como residencia real, por mi poderoso poder y para la gloria de mi majestad?" Mientras las palabras estaban en sus labios, una voz vino del cielo, "Esto es lo que se decreta para ti, Rey Nabucodonosor: Tu autoridad real te ha sido arrebatada. Serás expulsado de la gente y vivirás con los animales salvajes; comerás hierba como el buey. Siete tiempos pasarán para ti hasta que reconozcas que el Altísimo es soberano sobre todos los reinos de la tierra y son dados a quien él quiere" (Daniel 4:29-32). Observen que todo esto le sucedió al viejo Neb mientras se admiraba a sí mismo por la casa que había construido. Si en vez de eso él hubiera alabado a Dios por proporcionarnos piedra y albañiles, madera y leñadores increíbles, todo sería diferente. Él habría evitado un desalojo de siete años en el desierto. La biblia nos da una opción: humillarse o ser humillado. Dios comparte su gloria, pero esta no puede ser tomada. Es la gloria de la humildad y el servicio. Vean a Jesús - desde la encarnación hasta la cruz.

2. *La gratitud excluye el derecho*, ya que reconoce que todo es por gracia; yo no merezco nada - excepto el castigo por mi pecado. Todo tiene que ver con derechos. Mis derechos. Los americanos somos entrenados desde la infancia para exigir nuestro derecho a "la vida, la libertad y la búsqueda de la

felicidad". No vemos nada malo en esperar esto, e incluso pensamos que es virtuoso exigirlo. No es de extrañar que las palabras "te lo mereces", en la lengua de un vendedor, nos impulse a comprar pulseras y coches deportivos con facilidad. Esa es la manera americana - pero no la bíblica, que agradece lo poco o mucho que viene de la mano de Dios.

3. *La gratitud elimina la presunción.* Reconocer a Dios como el dador admite su soberanía, lo que deja abierta la posibilidad de ser desposeído de las posesiones de hoy, una posibilidad muy real para todos nosotros, dadas las incógnitas de COVID-19. Eso es exactamente lo que le pasó al hombre rico que presuntamente construyó más graneros para almacenar la abundante cosecha en la parábola de Cristo. Él asumió que la fiesta nunca terminaría. Job también experimentó a Dios como alguien que "da" y "quita" - y tuvo la rara madurez de bendecir a Dios por ambos (Job 1:21). Nosotros también deberíamos someternos a la voluntad de Dios y no presumir de saber cómo se desarrollarán nuestros planes: "Venid ahora, vosotros que decís: 'Hoy o mañana iremos a esta o aquella ciudad, pasaremos un año allí, haremos negocios y obtendremos beneficios'. ¡Ni siquiera sabes lo que pasará mañana! ¿Qué es tu vida? Eres una niebla que aparece por un tiempo y luego se desvanece. En vez de eso, deberías decir, "Si es la voluntad del Señor, viviremos y haremos esto o lo otro". Pero ahora, te jactas de tus orgullosas intenciones" (Santiago 4:13-16). Una vez más, la raíz es el orgullo - del que brota otro cuento de hadas americano (que tiendo a creer): "Puedo hacer que las cosas sucedan". La semana pasada se canceló TODO: bodas, servicios de iglesia, nuestro Paddle Out

Poverty, y el resto de la temporada de la NBA. Debido a un virus invisible. Dios nos recordó que no estamos a cargo. La vida es precaria; también lo es el mercado de valores donde las compañías de Fortune 500 perdieron el 20% de su valor esta semana. Las víctimas de COVID-19 no pueden ni siquiera recibir visitas, sufriendo e incluso muriendo solos. No podemos contar con una larga vida, buena salud, nuestros 401Ks, la oportunidad de reunirnos en nuestras iglesias o trabajar en nuestros empleos. Así que, en medio de tanta incertidumbre, deberíamos plantar la seguridad de nuestros corazones en algo - no, *alguien* - que "no cambie como las sombras cambiantes" (Santiago 1:17). Deberíamos estar agradecidos, compartir y disfrutar lo que Dios nos ha dado hoy, porque no hay garantía de que tengamos algo mañana: "Echad una sola mirada a las riquezas, y se irán, porque ciertamente brotarán alas y volarán al cielo como un águila" (Proverbios 23:5).

4. *La gratitud interrumpe la posesividad.* Somos los dueños definitivos de absolutamente nada, ¡incluyéndonos a nosotros mismos! Conociendo nuestra caída por la inclinación a la posesión, Dios usa palabras contundentes para devolvernos a la realidad: "Ustedes no son sus propios dueños; fueron comprados por un precio" (1 Corintios 6:19-20) y "la tierra es mía y vosotros residís en mi tierra como extranjeros y forasteros" (Levítico 25:23). Incluso aquellos que en la actualidad no presten atención a estas palabras de Dios se enfrentarán un día a la última prueba de humildad: la muerte. Así que nuestro sentido de "propiedad" debe ser templado por lo temporal que es nuestro control sobre casas y tierras, negocios e inversiones. Saber que Dios nos ha prestado mucho debería evocar

gratitud y un sentido de responsabilidad y usar para sus propósitos todo lo que él ha confiado a nuestra administración. Si reconocemos que recibimos todo como regalos temporales de su mano, ¿tiene algún sentido construir una presa que evite que las bendiciones se desborden a otros? Pablo exhorta "a los que compran algo [a actuar] como si no fuera suyo para conservarlo; a los que usan las cosas del mundo, [a actuar] como si no estuvieran absortos en ellas (1 Corintios 7:30-31 NVI) o "a los que compran, [a actuar] como si no lo poseyeran" (RVA). Pablo sabía que, sin corrección, nuestros corazones se deslizarían hacia la verdad de que "las cosas que posees terminan poseyéndote" (de los labios de Tyler Durden en el libro/film El Club de la Lucha). La gratitud y la generosidad nos ayudan a mantener las cosas libremente. Y estas preguntas de reflexión pueden ayudar a ver tu corazón con claridad: ¿Consideras que todo lo que Dios te ha confiado es sólo para tu disfrute? ¿Dudas (o incluso te niegas) a prestar las cosas porque estás demasiado preocupado de que "tus" cosas se dañen?

5. *La gratitud reduce la envidia.* La envidia y la gratitud son opuestas. La codicia es una emoción negativa y desagradable mientras que la gratitud es todo "pulgares arriba". La profesora de psicología Katelyn Poelker comparte una investigación que muestra que las personas gravitan hacia un lado o el otro: "la persona profundamente agradecida participará menos, o incluso nada, en las miserias de la envidia. Las personas envidiosas probablemente se oponen a sentirse endeudadas o inferiores de cualquier manera, mientras que los que están agradecidos devuelven la amabilidad de otro con expresiones de gratitud.

Esencialmente, el primero se centra en lo que uno no tiene y quiere, mientras que el segundo es un sentimiento de aprecio por lo que se tiene. Posteriormente, estas experiencias emocionales separan a las personas o las unen" (Poelker, s.d.).

(https://www.tandfonline.com/doi/full/10.1080/0267384 3.2015.1067895).

6. *La gratitud es poderosa.* Simplemente expresar nuestra gratitud a Dios nos recuerda todo lo que va bien, y todo lo que Dios ha provisto ricamente. Yo aprendí de mi tío Ernie a compartir durante la cena lo más destacado del día, así que Karen y yo hemos adquirido el hábito nocturno de expresar las inspiraciones del día en acción de gracias. Otros amigos me han inspirado a empezar un diario de gratitud, aunque el mío es una aplicación de audio en mi teléfono. Es difícil ser agradecido y al mismo tiempo dejar que nuestras mentes reflexionen sobre la envidia, el derecho, la posesividad, la presunción y el orgullo. La curación de estas enfermedades del corazón conduce a una relación saludable con los recursos que Dios nos ha confiado - ¡gracias a Dios!

Capítulo 6 | Dando con Alegría

"RICO EN BUENAS ACCIONES"

Volvamos a 1 Timoteo 6:17-19: "Ordena a los ricos de este mundo que no sean arrogantes ni pongan su esperanza en la riqueza, que es tan incierta, sino que pongan su esperanza en Dios, que nos provee de todo en abundancia para nuestro disfrute. Ordénales que hagan el bien, que sean *ricos en buenas acciones*, y que sean generosos y estén dispuestos a compartir. De esta manera se harán un tesoro para sí mismos, como un firme cimiento para la era venidera, para que puedan obtener la vida verdadera". Pablo nos da esta visión paradójica: dar realmente enriquece al dador que se vuelve "rico en buenas acciones" y recibe "la *vida que es vida verdadera*". "El amor que se da no empobrece, sino que enriquece y perfecciona al que lo da" (Leupp p.101, citado por Bryant Myers en Caminando con el necesitado p.83). Todo aquel que ha sorprendido a alguien con un espléndido regalo sabe la alegría que se describe aquí.

DAR DE MANERA CONTROLADA

Los israelitas - en un raro momento ejemplar - dieron con mucha gracia de sus posesiones (que habían "tomado prestadas" de sus esclavos egipcios) para construir el tabernáculo (vivienda temporal para Dios). Ellos aprovecharon la oportunidad de invertir en esta "ofrenda de libre albedrío" totalmente opcional. Dios, que "ama al dador alegre" (2 Corintios 9:7), le dijo a Moisés: "Recibirás la ofrenda para mí, de todo aquel cuyo corazón les impulse a dar. Estas son las ofrendas que debes recibir de ellos: oro, plata y bronce; hilo azul, púrpura y escarlata y lino fino; pelo de cabra; pieles de carnero teñidas de rojo y otro tipo de cuero resistente; madera de acacia; aceite de oliva para la luz; especias para el aceite de la unción y para el incienso fragante; y piedras de ónice y otras gemas para montar en el efod y el pectoral. Luego pídeles que me hagan un santuario, y yo habitaré en medio de ellos" (Éxodo 25, 2-8). Ellos estaban tan eufóricos, que trajeron más de lo necesario y tuvieron que abstenerse de dar más: "Y el pueblo siguió trayendo ofrendas voluntarias mañana tras mañana. Así que todos los trabajadores cualificados que realizaban toda la labor en el santuario dejaron lo que estaban haciendo y dijeron a Moisés: "El pueblo está trayendo más que suficiente para hacer el trabajo que el Señor ordenó que se hiciera". Entonces Moisés dio una orden y enviaron esta palabra a todo el campamento: "Ningún hombre o mujer debe traer otra cosa como ofrenda para el santuario". Y así el pueblo se abstuvo de traer más, porque lo que ya tenía era más que suficiente para hacer todo el trabajo" (Éxodo 36:3-7). Ellos estaban abrumados por la alegría al dar y dar - de sus materiales y talentos artesanales. Obviamente, ellos ganaban más de lo que daban.

LA GENEROSIDAD ES CONTAGIOSA

Puede que no se extienda tan rápido como un Coronavirus, pero la gente generosa ciertamente inspira a otros a "transmitirlo". Hace dos años, yo sentí la necesidad de crecer en cinco rasgos de carácter - incluyendo la generosidad - aprendiendo de amigos que los encarnaban bien. ¿Quieres dar un vistazo a las vidas de dos mentores generosos de países diferentes?

Dando con Alegría

Héctor David Euceda (arriba con su esposa, su hija y los muebles terminados que fabrican) es un modelo de generosidad para muchos hondureños, para mí y, con suerte, ahora para ti. Como se dice en StartBook, nuestro currículo de formación empresarial de nivel uno "Las cuatro hijas de Héctor son bendecidas porque él es el padre que muchos desean tener. Héctor David Euceda es un tipo alto, pero él está a salvo - es más probable que derrame una lágrima a que dé un puñetazo. Su amplia sonrisa no revela sus dientes, pero muestra que es amable y reservado. Esa sonrisa casi le cierra los ojos, pero no puedes perderte sus cejas robustas que se elevan como montañas.

Héctor (centro) con su trabajo en curso y sus mentores de Creating Jobs Inc. Larry McGehe (izquierda) y Mano De La Vega (derecha)

Su gran corazón también es siempre evidente - en la forma en que él rehabilita a los empleados con problemas y sueña con construir centros de rehabilitación de drogas con las ganancias de su negocio. Cuando él se enteró de la noticia de nuestro amigo haitiano Laurent-Fils Cereste, cuyo techo de la panadería fue destruido en el devastador terremoto del 12 de enero de 2010, Héctor sacó inmediatamente 200 dólares de su billetera para reconstruirla. ¡Qué generoso! Héctor incluso planea crear 2.000 puestos de trabajo para bendecir a su país. Espero que él te inspire como lo hace conmigo.

Dando con Alegría

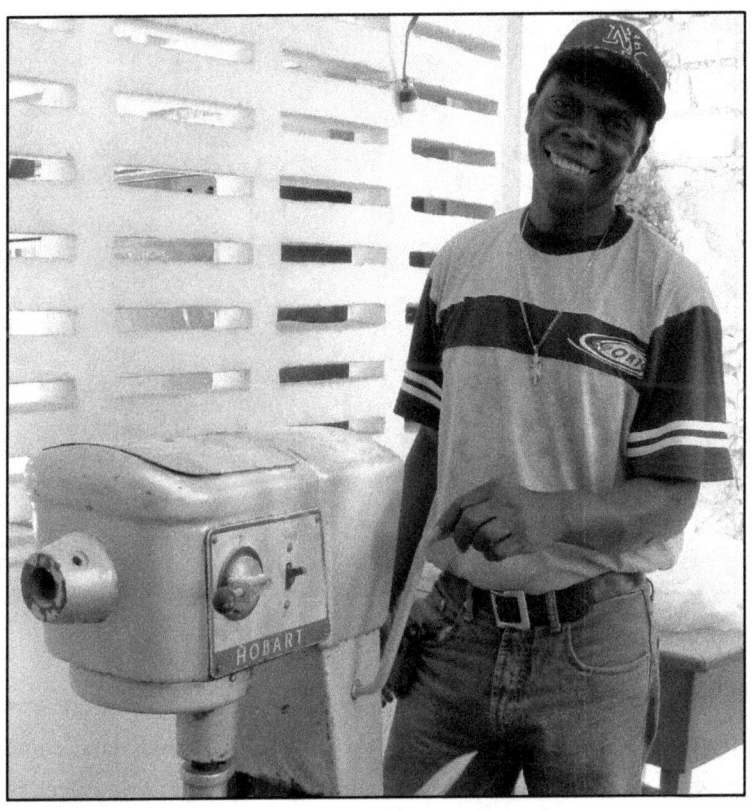

Un nuevo techo hizo que la masa se mezclara de nuevo en la panadería de Cereste. Este estímulo y su receptividad a nuestro entrenamiento empresarial le ayudaron a expandir su negocio. La falta de conocimiento en el aula es superada fácilmente por un agudo sentido de los negocios, evidenciado por su apodo: "Boss-La" (El Jefe)! Este apodo parece inapropiado en un principio, ya que él carece incluso de una pizca de impetuosidad. En cambio, su comportamiento es tímido pero cálido y sus palabras fluyen suavemente. Cereste se ha ganado el aprecio de quien lidera, sirviendo y alimentando a sus empleados. Y no es demasiado orgulloso para recibir consejos.

El Corazón de la Riqueza

Por sugerencia nuestra, Cereste (abajo a la izquierda) nombró a su primo (abajo al medio) Wilson, un empleado de larga data, como gerente de producción para liberar a Cereste y permitirle crecer su fuerza de ventas - vendedores ambulantes - que vendían sus panecillos "pomket" a conductores y peatones en todo Leogane, Haití.

Dando con Alegría

Uno de los vendedores ambulantes de Cereste con un montón de panecillos "pomke."

El resultado fue relatado en GrowBook (el programa de formación empresarial de nivel dos de Creating Jobs Inc:) "en cuestión de meses, ¡él pudo más que duplicar su fuerza de ventas a 27! Dos años más tarde, él había crecido como líder y hombre de negocios hasta el punto de que fue capaz de lanzar con éxito una segunda panadería (abajo) - una que hacía pan tradicional. Él pronto entrenó a un gerente para compartir la responsabilidad. ¡Desarrollando líderes, él pudo crear 12 puestos de trabajo de la noche a la mañana en uno de los entornos económicos más desafiantes del mundo!" (Keller, p.200-201). Eso exige respeto (ya que a mí me tomó años llegar a 12 empleados). Él me dijo: "Evan, podría haber puesto las ganancias de mi primera panadería en el banco para mí, pero yo sentí la necesidad de crear más puestos de trabajo para mi gente. Por eso estoy aquí."

El siguiente paso de generosidad de Cereste fue empezar a ser mentor de compañeros emprendedores haitianos que lo admiran. De hecho, él ha ayudado a varios tipos a convertirse en competidores directos - ¡vendiendo los mismos panecillos "pomket" cerca! Él ayudó a uno de estos caballeros a comprar un horno para iniciar una empresa, sólo para ver el negocio fracasar unos meses después. Fin de la historia, ¿verdad? La mayoría se regocija cuando un competidor se hunde. ¡Pero Cereste no lo dejó renunciar! En su lugar, él horneó un gran lote de sus propios "pomkets" y condujo hasta el siguiente pueblo para regalar su producto y revivir el espíritu de un competidor: "Vende estos y usa el dinero para reiniciar tu negocio." ¡Hermoso! Como el Jesús a quien él sigue.

Cereste (derecha) con uno de sus alumnos.

¡LA ALEGRÍA ES ADICTIVA!!

Veo en las vidas de Héctor y Cereste que dar no debe ser un ocasional "acto de bondad", sino un estilo de vida que impregna todos nuestros días hasta que nos acostumbramos. A riesgo de exaltarme, abajo hay algunas formas en las que intento vivir sus ejemplos de vidas generosas. Aquí hay algunos ejemplos recientes sobre lo que es sentirse realizado que yo he recibido. (Jesús tiene razón: "hay más bendición en dar que en recibir" - Hechos 20:35).

- Nuestro negocio proporcionó un muy necesario trabajo arbóreo para un líder de la comunidad cuyas horas de voluntariado empequeñecen sus horas pagadas. Al regresar de Jamaica, ella se encontró con sus peligrosos árboles podados sobre su techo - lo que su prometido aprobó en su

El Corazón de la Riqueza

ausencia. El día anterior ella estuvo tentada de dudar de lo bien que Dios la estaba cuidando mientras ella se ocupaba de muchos otros. El amor soberano de Dios le dio la seguridad que ella necesitaba (en forma de mano de obra especializada de mi equipo y nuestra gran inversión en equipo pesado) justo a tiempo, aunque yo había empezado a planear la sorpresa un año antes. Ella se quedó callada y envió un mensaje de texto: "Dios mío, ¿esto es de verdad? Estoy tan emocionada por el árbol. No puedo agradecerles lo suficiente."

- Otro momento de alegría en la generosidad llegó al tener mi recién traducida copia impresa del nuevo Testamento de

Piapoco, que nuestra compañía ayudó a financiar para esta tribu en Colombia. ¿Qué tan genial es eso? De hecho, después de invertir en mi propia organización sin fines de lucro, me siento llamado a involucrar a la empresa y a la familia en la financiación de una traducción completa de la Biblia para personas sin biblia. Mejor aún: ¡multiplica eso varias veces si puedes!

- ¡Ser un conector es otra forma divertida de practicar la generosidad (de otras personas)! Yo escuché que una compañía que quebró tenía docenas de pantallas de computadora de calidad en liquidación. Así que yo llevé mi camión a Daytona Beach y lo cargué con unas 60 para entregarlas a varias organizaciones sin fines de lucro que le darían un buen uso. Justo hoy, conecté a una organización con 17 computadoras (que estaban a punto de ser desechadas) con un programa de tutoría que había recibido pantallas de mí anteriormente y ¡cómo se dio la coincidencia!

- Últimamente, hemos disfrutado regalando muchas plantas en maceta, enormes montones de mantillo de nuestro negocio, e incluso fruta de níspero de los árboles que plantamos en nuestra propiedad.

- Hemos compartido algunos muebles de calidad, como un escritorio de Pottery Barn que un centro de embarazos en crisis está utilizando. Hoy mismo, Karen sugirió que donáramos su excelente silla de escritorio al director del Centro de Recursos de la Comunidad Negra (después de planear nuestro programa para el centro de la ciudad en su oficina esta mañana, y notar que su silla ya no estaba en su mejor momento).

- A través de un club de intercambio en el que estamos, Tree Work Now Inc está donando el uso de una semana en una fabulosa casa de playa de ocho habitaciones para nuestro retiro de la junta de Creating Jobs Inc la próxima semana - algo que nuestra pequeña organización sin fines de lucro nunca hubiera podido presupuestar de otra manera. (¡Me encanta cuando mis dos empresas hacen el bien juntas!)
- Otro ejemplo reciente es el trabajo con árboles que mi hermano hizo en tres propiedades de la YMCA sin ningún desembolso de dinero por parte de ellos. Nuestro trabajo fue en parte donación y en parte comercio - unas cuantas membresías para dar a los empleados y a un amigo con alta presión sanguínea. Yo también reservé tres de esas membresías de un año como premio para un desafío de seis semanas de pérdida de peso y nutrición "Perder para ganar" co-creado con el pastor asistente de la iglesia afroamericana a la que asisto dos veces al mes. Esto tiene el beneficio añadido de usar los negocios para construir la unidad a través de la división racial.
- Disfruté usando las habilidades gráficas que Dios me dio para diseñar la portada del programa (ver abajo) para un almuerzo de la NAACP para honrar a un par de héroes de los derechos civiles de Florida.

- El tiempo de voluntariado también ha sido satisfactorio, incluyendo el dictar (no siempre bienvenidas) charlas a grupos e individuos sobre nutrición, servir en un comité de dirección para sanar nuestra historia de división racial en asociación con la Iniciativa de Justicia Equitativa (las contribuciones incluyen escribir artículos, crear valores, diseñar logotipos y comunicaciones impresas, y traer ensaladas saludables para compartir con el equipo), reunir equipos de liderazgo para co-crear programas de entrenamiento de negocios usando nuestro currículo StartBook en la Cárcel del Condado de Volusia y en un duro vecindario de DeLand.

- Y los colegas ahora están llevando a nuevas alturas otras iniciativas de Creating Jobs Inc que yo había empezado, como Accelerate (arriba) en la Universidad Bethune-Cookman, Paddle Out Poverty, y entrenamiento de negocios donde universidades y grandes organizaciones sin fines de lucro en varios países están usando los dos libros de más de 300 páginas (abajo) que se centran en lo que yo he aprendido sobre cómo empezar y hacer crecer un negocio exitoso. Aprovechar todo para el Rey Jesús.

¡QUÉ PRIVILEGIO!

El impacto se está multiplicando. Es digno de humildad (¡o de inflarse si mis ojos se apartan de la Fuente!) ver todo esto en una sola página. Supongo que es una pequeña muestra de lo que el Rey David sintió al dar su propio tiempo, creatividad (redactando los planes) y riqueza (fondos y materiales) para prepararse para la construcción del templo de Dios. Recordemos su incredulidad en la ya citada 1 Crónicas 29:14: "Pero ¿quién soy yo, y quién es mi pueblo, para que podamos dar con tanta generosidad como esto? Todo viene de ti, y sólo te hemos dado lo que viene de tu mano". ¡La generosidad es muy divertida! Mejor aún, es una forma clara de reflejar al Dios cuya gracia se desborda continuamente como una fuente. ¡Sus rayos son más fiables y vivificantes que los del sol!

¡ACTIVEN LA GRATITUD EN TODO EL MUNDO!

Cuando nos reímos con generosidad, en realidad esto incita a que los demás sean agradecidos, ya que ellos comparten la generosidad de Dios. Podemos mover muchos corazones más allá del nuestro: "Se enriquecerán en todos los sentidos para que puedan ser generosos en todas las ocasiones, y a través de nosotros su generosidad resultará en gratitud a Dios. Este servicio que realizas no sólo satisface las necesidades del pueblo del Señor, sino que también se desborda en muchas expresiones de agradecimiento a Dios" (2 Corintios 9:11-12). ¿Viste que dos veces seguidas Pablo dice que nuestra entrega hace que la gente dé gracias a Dios? ¡Podemos hacer que la gente haga oraciones felices! Tan genial que podemos fortalecer tan directamente la relación de la gente con Dios – ellos están llenos de alegría y gratitud cuando simplemente compartimos la generosidad de Dios. ¡Qué bien!

Dando con Alegría

Si estás ansioso por encender esta gratitud en los demás y aumentar tu propia alegría, te invitamos a invertir con nosotros en Creating Jobs Inc. para capacitar a empresarios de todo el mundo. Los aspirantes a emprendedores con talento y ambición, en el mundo en desarrollo, están hambrientos de conocimientos prácticos para crear empresas prósperas que alimenten a sus familias y bendigan a sus comunidades.

Uno de nuestros ganadores del Shark Tank es un pastor (Carlos Coello) que emplea a varios miembros de la iglesia en su empresa de construcción.

A los 7 meses de haber obtenido su certificación, Alba (segunda de izquierda a derecha) había formado a 15 facilitadores en de World Relief en toda Honduras, ¡quienes rápidamente empezaron a capacitar a 300 futuros emprendedores!

Con o sin experiencia en negocios, podemos equiparte para entrenar a otros en nuestro simple y paso a paso, currículo. Si tienes un corazón para servir, tiempo para ser entrenado, voluntad para viajar y capacidad para atraer con energía al público, te invitamos a asistir a una de nuestras Academias de Creating Jobs. Tú capacitarás a los instructores que formarán a varios facilitadores que a su vez entrenarán a cientos de emprendedores. Tú harás que la gratitud se vuelva viral en algunas de las comunidades más vulnerables del mundo. ¿Estás listo?!

Cristian Melendez of Serve Hope teaches StartBook

CREAR Y LUEGO COMPARTIR LA RIQUEZA

Un poco menos evidente, el pasaje anterior también señala una interesante realidad económica que con frecuencia se oculta a la vista: la riqueza debe ser creada antes de que pueda ser dada... "te enriquecerás en todo sentido para que puedas ser generoso" (v.11). El Manifiesto de Lausana sobre la Creación de Riqueza lo afirma: "La acumulación de riqueza está mal, y se debe fomentar el compartir la riqueza, pero no hay riqueza que compartir a menos que haya sido creada." Eso es lo que hacen los negocios. Crean nueva riqueza mediante la elaboración de ingeniosas combinaciones de ingeniosos ingredientes que Dios ha hecho, incluyendo materias primas, trabajo mental y físico, servicio a los demás, trabajo en equipo, y nuevas ideas para el diseño de productos y eficiencia. ¡Esto es algo bueno que despierta la gratitud a Dios!

TALENTO + MATERIAS PRIMAS = NUEVO VALOR QUE AGRADA A DIOS

Lo mismo ocurrirá con nuestra nueva casa si el valor excede el costo de sus componentes: la tierra que estamos administrando, las decenas de árboles que hemos plantado en los seis años anteriores a la construcción, nuestros años de cuidadoso (y a veces paciente) ahorro y planificación, y por supuesto la casa misma con toda la creatividad, habilidad y los materiales que se utilizaron. En un pequeño ejemplo, el arte del maestro albañil (ver abajo) tomó un material llamativo de la creación de Dios y lo dispuso según el genio del arquitecto sobre los cimientos del constructor.

El Corazón de la Riqueza

La combinación de estos muchos dones de Dios se ha ganado mi respeto y admiración - tanto por su trabajo en equipo como por su armonioso resultado. Ellos co-crearon un nuevo valor. El punto es: no hay una cantidad finita de riqueza en el mundo. ¡Con los materiales y la creatividad que el Creador nos ha dado, podemos hacer más! (¿Recuerdan el valor que se creó para múltiples partes a través de mi esquema YMCA?) Así que, tu ganancia no significa mi pérdida. La riqueza no es una realidad de suma cero. No es algo para ser meramente "distribuido" - dividido como un pastel - sino que se cultiva como un jardín que puede seguir produciendo abundancia para todos. Por lo tanto, crear riqueza es algo bueno y muy necesario. Las preguntas para cada administrador son: "¿Cómo invertirás el talento, el tiempo y el tesoro que Dios te ha dado?" y "¿Qué harás con la recompensa multiplicada (recordando que Dios es el dueño final de todo)?" Recordad que el maestro de la parábola de los talentos de Cristo esperaba que sus sirvientes multiplicaran sus recursos - y los recompensaba o castigaba en consecuencia. ¿Estamos tratando "nuestra" riqueza como si fuera "de Dios"? ¡Realmente lo *es!*

¿LAS ESCRITURAS REQUIEREN DE SIMPLICIDAD?

¿Pero cómo cuadrar esta multiplicación del dinero con la afirmación común de que los estilos de vida sencillos son ordenados por las Escrituras? El Manifiesto de la Creación de Riqueza de Lausana afirma audazmente eso: "Hay un llamado universal a la generosidad, y la satisfacción es una virtud, pero la simplicidad material es una elección personal" (https://www.lausanne.org/content/wealth-creation-manifesto). Pablo escribió a los Corintios: "Y Dios puede bendecirte abundantemente, para que en todas las cosas y en todo tiempo, teniendo todo lo que necesitas, abundes en toda obra buena. . . . Seréis enriquecidos en todo para que seáis generosos en toda ocasión, y por medio de nosotros vuestra generosidad se traducirá en acción de gracias a Dios" (1 Corintios 9:8-12). El equipo de Lausana observa que "una vez más, la generosidad es la virtud requerida. Además, para permitir tal generosidad, mantener a estos corintios en un estilo de vida simple no es precisamente lo que Dios pretendía. Más bien, dice Pablo, Dios los haría 'ricos en todos los sentidos'" (Creación de riqueza: Opiniones Bíblicas y Perspectivas, p.34, https://www.lausanne.org/content/wealth-creation-biblical-views-perspectives).

JUSTICIA = ACTUAR CORRECTAMENTE POR EL BIEN COMÚN

"Cuando los justos prosperan, la ciudad se regocija; cuando los malvados perecen, hay gritos de alegría". Comentando sobre "los justos" en esta línea de Proverbios 11:10, Amy Sherman escribe:

"Ellos deben estar haciendo una diferencia notablemente positiva en su ciudad. Ellos deben estar administrando su poder, riqueza, habilidades e influencia para el bien común para lograr una transformación notable y significativa en la ciudad. De lo contrario, ¿qué estaría impulsando a los residentes a volverse locos de alegría y gratitud?" (Sherman, 2011).

Este versículo y su exposición nos recuerdan que la justicia bíblica no es un asunto privado entre nosotros y Dios. No, se relaciona con la forma en que vivimos nuestra fe en público. La gente justa no maximiza el beneficio explotando a los pobres. En cambio, son generosos y cuidan de los pobres, dándose cuenta de que "el bien común de la comunidad pesa más que la libertad económica sin restricciones" (Sider Just Generosity p. 61). Por ejemplo, hoy mismo, Shake Shack (una cadena de restaurantes con casi 200 tiendas y 100 millones de dólares en reservas) devolvió un préstamo perdonable del gobierno de los Estados Unidos por valor de 10 millones de dólares. Ellos calificaron legalmente para esta ayuda de COVID-19 pero no creyeron que fuera correcto tomarla cuando el efectivo se había agotado y dejó por fuera a miles de restaurantes más pequeños que necesitaban ayuda más que ellos (incluyendo a nuestro propio Mano De La Vega). El presidente Danny Meyer y el director ejecutivo Randy Garutti explican que "nuestra gente se beneficiaría de un préstamo de 10 millones de dólares, pero somos afortunados de tener ahora acceso a un capital que otros no tienen". Hasta que cada restaurante que lo necesite haya tenido la misma oportunidad de recibir asistencia, estamos devolviendo la nuestra" (Mack, 2020).

MODELOS ANTIGUOS Y MODERNOS DE ACCIÓN JUSTA

Nehemías dio un buen ejemplo en este sentido al no reclamar los ingresos como gobernador para no agobiar al pueblo (Nehemías

5:14-19). Para proporcionar una red de seguridad a los pobres, la ley del Antiguo Testamento incluía la ley de "recoger" (Deuteronomio 24:19-21; Levítico 19:9-10) que exigía a los propietarios de empresas agrícolas que permitieran a los pobres recoger las cosechas de los rincones de sus campos. Esta disposición conectaba el motor económico de los ricos con los necesitados, cuyo trabajo de recolección añadía cierta dignidad a la transacción. Sabemos que los actuales propietarios de agro-negocios practican este principio prestando su multimillonaria casa de playa a los equipos del ministerio que la usan para reuniones y retiros.

El hecho de que ellos crearon riqueza y la invirtieron en esta casa de playa de Florida ha sido una bendición de décadas para muchos. Ellos la disfrutan con su propia familia en ciertos meses, y luego está disponible el resto del año para misioneros en permiso, familias en crisis, líderes estudiantiles construyendo equipos de trabajo, y equipos de liderazgo haciendo planeamiento estratégico y siendo renovados. Esperamos seguir ese ejemplo, compartiendo nuestra casa con frecuencia, así como las frutas y verduras que cultivamos en nuestra tierra. Kelly Kapic afirma que "este es un patrón bíblico para el pueblo de Dios: "Dios elige no sólo hacer de Abraham y su descendencia el objeto de su bendición, sino también hacerlos un instrumento de su bendición para el mundo" (Kapic, El Dios que Da, pp. 248,249).

LOS ESCOLLOS OCULTOS DEL DAR

No importa la generosidad exterior que practiquemos, Dios está prestando más atención a lo que pasa en nuestros corazones, ¡lo que hace peligroso enumerar mis actos de generosidad que he hecho anteriormente! Jesús dijo a los fariseos estas palabras: "Sois como sepulcros blanqueados, que por fuera parecen hermosos, pero por dentro están llenas de huesos de muertos y de todo lo inmundo" (Mateo 23:27). Dada la maldad de nuestros corazones cuando estamos separados de Cristo, los peligros nos acechan tanto en el dar como en el acumular: "nuestra actitud sobre nosotros mismos puede volverse mesiánica. Estamos tentados a creer que somos los libertadores de los pobres, que hacemos sus vidas completas. Podemos albergar sin querer la creencia de que somos los que salvan. Tal actitud no es buena para nuestras almas" (Myers, p. 115). Así, vemos de nuevo la verdad de la enseñanza de Cristo de que el pecado viene de nuestros corazones, que son tentados, tanto si tenemos dinero como si no, y tanto si lo regalamos como si no.

LA HOSPITALIDAD ES UNA FORMA CLAVE DE GENEROSIDAD

Ser hospitalario es compartir tu disfrute de la generosidad de Dios con los demás. La hospitalidad es una importante expresión de generosidad en la Biblia. Aquellos que poseían casas hospedaban servicios de adoración para las nuevas iglesias que surgían a través de los viajes misioneros de Pablo. También se esperaba que recibieran a los apóstoles y misioneros viajeros. El Apóstol Pablo escribe: "Muestren hospitalidad unos con otros sin quejarse. Como buenos administradores de la múltiple gracia de Dios, cada uno de vosotros debe usar el don que ha recibido para servir a los demás" (1 Pedro 4:9-10).

Mientras vivamos, usaremos nuestro hogar para servir y hemos hecho planes para continuar bendiciendo a otros cuando muramos. Nuestro testamento deja nuestra casa y propiedad a Creating Jobs Inc., para que sirva como un fondo para fortalecer su base financiera. Eso debería permitirle pagar un primer salario adecuado a su próximo director ejecutivo. (En la actualidad, la empresa paga la mayoría de mis cuentas y esencialmente dona parte de mi tiempo a la organización sin fines de lucro.)

ESCUDRIÑANDO MIS ELECCIONES

Aunque esto es algo bueno, no prueba que construir una casa fuera lo mejor que se podía hacer con esos fondos. Es una compensación. Había un bien inmediato que podría haberse hecho en su lugar - como dar para la creación de iglesias, ayuda en casos de desastre, ministerio de refugiados, patrocinio de niños, o educación teológica para pastores en países en vía de desarrollo. Sensato. También puede ser una excusa: disfrutar de un buen hogar y sólo regalarlo a mi muerte - cuando obviamente no puedo beneficiarme más de él. Hmmm.

Además, mientras que la construcción de una casa ha sido un proceso agradable (en su mayor parte), también ha tomado mucho de mi tiempo y enfoque. Lo que sí se desperdició fueron materiales... varios contenedores grandes estaban llenos de desechos de construcción (lo que nos llevó a mi vecino y a mí a sumergirnos en los contenedores para sacar provecho de ellos). En general, ¿era esta construcción un desperdicio y una distracción, o era un honor y una imitación de Dios para co-crear algo hermoso con un equipo de artesanos? Estoy invitando a la luz de la Palabra y al Espíritu de Dios para exponer los motivos de mi corazón y darle una forma más parecida a la suya. Ora por mí como yo oro por ti.

En este capítulo se nos ha recordado la alegría de la generosidad. Dar verdaderamente enriquece al que da. Es algo muy divertido que refleja a nuestro desbordante Dios de la gracia. Pablo nos recuerda que la generosidad no sólo satisface las necesidades reales, sino que incita a la gratitud en los demás - qué privilegio ayudar a los demás a acercarse más a Dios. Mientras que los pobres son excepcionalmente generosos, el tener amplios recursos multiplica el impacto de nuestras donaciones. Así, mientras que algunos están llamados a un estilo de vida de simplicidad, otros estamos llamados a crear riqueza para tener más que compartir. Como vemos en el ejemplo de Abraham, los justos son tanto un objeto como un instrumento de las generosas bendiciones de Dios.

Capítulo 7 | Conclusión

ENVOLVIÉNDOLO TODO PARA LLEVAR

La creación terrenal de Dios es buena y se nos ha dado para nuestro disfrute y para que Dios bendiga a otros a través de nosotros. (La pobreza no es similar a la piedad, ni es un signo revelador de la bendición de Dios, ya que puede ser adquirida a través de la opresión.) Dios pretende que cultivemos su jardín para hacerlo aún más fructífero, revelando que crear riqueza es un talento, un regalo impulsado por el mismo Dios. El trabajo de nuestras manos (en sí mismo regalos de la mano de Dios) crea un valor que satisface las necesidades de la gente. Mientras desarrollamos el potencial de la creación de Dios, debemos usar la abundancia resultante para dar poder a los pobres, no para aislarnos de ellos.

Para "llorar con los que lloran", estamos llamados a entrar de buena gana en el dolor de los demás. No se trata de culpabilidad, sino de estar lo suficientemente conmovidos como para aprovechar nuestro capital intelectual, relacional y financiero para crear nuevas oportunidades con nuestros hermanos y hermanas necesitados. Nos lamentamos y nos regocijamos - no es una tarea fácil. Estamos llamados a sentir el quebrantamiento del mundo en nuestras entrañas mientras nos regocijamos por la forma en que el Rey ya está arreglando las cosas.

Dios quiere que disfrutemos de su buena creación. Sentir su amor y vislumbrar su gloria en lo que él ha hecho nos lleva a dar un enorme "gracias" a nuestro buen Padre. La generosidad de Dios no es el problema; ¡nuestros corazones caídos lo son! La riqueza puede ser peligrosa cuando seduce a nuestros corazones hacia el orgullo y la idolatría. Estos dos engañadores nos convencen de que nosotros y nuestras posesiones deben ser el centro de atención, exaltando a la criatura sobre el Creador, y los regalos sobre el Dador. Comenzamos a buscar otras cosas además de Dios para sentirnos vivos. Mentiras mortales. Se necesita un examen constante para evitar estas enfermedades del corazón (siguiendo la instrucción de Hageo de "considerar cuidadosamente sus caminos"). Debemos cambiar nuestro orgullo e idolatría por gratitud y generosidad. Cuando nos arrepentimos y damos gracias diariamente a Dios, él libera nuestros corazones del orgullo, el derecho, la presunción, la posesividad y la envidia. Entonces somos libres de disfrutar de los dones de Dios y llevar a otros a esa alegría.

Cuando vemos que nuestro compartir comienza a bendecir a otros, nuestra propia alegría se multiplica. Ya que estamos hechos para la alegría, nuestros corazones se sienten atraídos a dar aún más. La hospitalidad es una forma clave de generosidad ya que combina el dar con tener relaciones agradables. Tal comunidad es muy buena porque refleja el amor mutuo de nuestro tres-en-uno Dios. La generosidad crea un círculo virtuoso ya que enciende la gratitud en los corazones de los receptores de la gracia de Dios que hemos transmitido. Las cascadas de bondad brillan con la gloria de Dios.

La riqueza puede ser una trampa y una poderosa herramienta para el bien mientras Dios restaura nuestros corazones para abrazar sus prioridades. La pregunta clave para probar nuestros corazones permanece: "¿Nuestro principal objetivo es construir la casa de Dios o la nuestra?"

Conclusión

¿CO-CREAR CON NOSOTROS PARA SERVIR A LOS POBRES?

¿Quieres construir la casa de Dios junto a Creating Jobs Inc.? Si tienes el don de crear riqueza, ¿quieres fertilizar ese don en otros? Si eres un comunicador comprometido, ¿quieres capacitar a entrenadores que puedan multiplicar su impacto en países donde el empoderamiento económico es desesperadamente necesario? Si eres un empresario en América Latina, ¿considerarías la posibilidad de empoderar a otros para que construyan empresas que bendigan a sus comunidades? ¿Quizás tú desees tener la alegría de ver que negocios de barrios pobres y del mundo en desarrollo broten de tus donaciones? ¿O tienes talento para escribir o traducir o grabar videos para contar nuestra historia? Oramos para que ya sea con Creating Jobs Inc o en otro lugar, aprovechen todo lo que tienen y estén dispuestos para servir a los propósitos de Dios en el mundo. Oramos para que "descubras la alegría de ser usado por Dios como vehículo de su gran generosidad con el mundo" (Kapic, The God Who Gives, p. 125).

UNA HISTORIA REAL DE LA DIFUSIÓN DE LA ALEGRÍA DE DIOS

Un momento decisivo en mi aprendizaje de crear valor para los pobres llegó en los primeros días de mi negocio. Yo buscaba financiamiento para perforar un pozo para el pueblo sin agua de LaSalle, Haití, y tenía un cliente potencial que no estaba seguro de invertir 2.000 dólares en la poda que los árboles alrededor de su casa necesitaban para que permanecieran seguros, sanos y hermosos. Rajesh, que diseña software para ganarse la vida, es un inmigrante del sur de Asia que vive con su joven familia en Lake Helen, Florida.

Dios me dio una idea creativa que reuniría a un equipo improbable (cliente, iglesia, mis empleados y yo) para bendecir a los aldeanos que podían ver el mar, pero tenían que caminar hasta el siguiente pueblo para conseguir agua que pudieran beber. La abundancia de agua fresca elevaría la calidad y la longevidad de sus vidas. Así que me acerqué a Rajesh con esta propuesta: "¿Qué tal si hacemos el trabajo de su árbol como se indica en el presupuesto, mientras usted dona 2.000 dólares a mi iglesia que usará los fondos para perforar un muy necesario pozo en Haití?" Intrigado por la oportunidad de ayudar mientras recibía una deducción de impuestos, dijo "¡hagámoslo!" Oro para que su corazón se sienta atraído por Dios mientras él usa su dinero para el trabajo del Reino. Durante meses, Rajesh estuvo ansioso por escuchar los informes de progreso de Haití.

La extraña satisfacción también vino de ver la mirada confusa en las caras de mis empleados, mientras ellos trabajaban todo el día en la propiedad de Rajesh...recibiendo su pago como de costumbre, pero sabiendo que a mí no me pagaban en absoluto. Sin embargo, una sonrisa se pegó a mi cara. Todos nosotros tuvimos la oportunidad de ser las manos y los pies de Jesús ese día. Y a falta de un centavo de

Conclusión

ingresos, fue sin embargo nuestro mejor día en Tree Work Now. ¿Por qué? Por la alegría de reflejar el generoso corazón de Dios. Esto cumple nuestro propósito ya que estamos "creados para trabajar juntos, cultivando las bendiciones del orden creado y expresando el amor al prójimo en y a través del trabajo de colaboración que hacemos cada día" (Nelson p.65).

Creo que es obvio cómo esta historia resume todo este libro: nuestro cultivo del jardín de Dios (podando sus árboles) creó riqueza que benefició a todos los involucrados - especialmente a los pobres cuyas lágrimas se supone que debemos compartir. Tanto Rajesh como los aldeanos tuvieron más oportunidades de disfrutar de la creación de Dios y estar agradecidos con él. Al administrar nuestros recursos para servir, mis empleados y yo recibimos una terapia para nuestros corazones - una infusión de alegría, generosidad y gratitud ahogando nuestro orgullo e idolatría.

¿Cómo podemos volver a esas cisternas rotas cuando podemos ser vehículos de la vida y del amor desbordante de Dios? Qué privilegio tan sagrado usar todo lo que tenemos y somos para transmitir su gracia todopoderosa. Es hora de brillar, porque la oscuridad de la noche se dispersa mientras reflejamos a nuestro glorioso Señor Jesucristo.

Para conectarse con Creating Jobs Inc, por favor visite www.creatingjobs.org or write to: info@creatingjobs.org.

¿Quién es Creating Jobs Inc?

VISIÓN — Negocios para el bien global.

MISIÓN — Co-crear empresas y comunidades prósperas.

ESTRATEGIAS — Preparar a organizaciones globales sin fines de lucro para el desarrollo de emprendedores.

VALORES

Llamados a servir - Desafiamos a los emprendedores a aprovechar sus vidas y negocios para servir.

Currículo de clase mundial - Mejoramos continuamente nuestros recursos de capacitación y tutoría empresarial.

Oportunidad para los pobres - Guiados por la Biblia, nos asociamos con personas de todas las creencias para afirmar la dignidad y despertar la esperanza.

CreatingJobs.org
Business for Global Good

Sobre el Autor

*P*or encima de todo, Evan es un seguidor de Jesús. Karen es su amada esposa de 28 años - una ex enfermera que es una creativa cocinera y panadera que disfruta de amar a la gente con comida saludable y sabrosa. Además de escaparse a las montañas, ellos disfrutan de la vida en DeLand, Florida, cerca de sus 14 sobrinos. Evan es graduado de la Universidad de Florida Central, un ministro ordenado, un miembro de: Rotary, NAACP, y de la Iglesia de la Comunidad de Cristo en Daytona Beach, así como un visitante frecuente de la Primera Iglesia Bautista de Greater Union (una congregación afroamericana de 140 años). Evan es un apasionado de la construcción de amistades de confianza y la curación a través de color line. Como miembro del comité directivo de Volusia Remembers Coalition, él ayuda a su comunidad a reconocer los 400 años de deshumanización racial a través de los cuales los actuales conflictos y disparidades raciales pueden ser mejor entendidos y abordados. Evan es adicto a jugar baloncesto, y practica el ciclismo todoterreno, el remo y el excursionismo de montaña para experimentar a Dios en el esplendor de su Creación. Él aprecia a los amigos cercanos, el cruce de culturas, el arte, el blues y los libros de teología, nutrición, negocios e historia afroamericana. En el trabajo, Evan codirige equipos de talento en dos empresas que fundó para impulsar el negocio: la organización sin fines de lucro Creating Jobs Inc (creatingjobs.org) y la organización con fines de lucro Tree Work Now Inc (treeworknow.com). Creating Jobs Inc equipa a las organizaciones sin fines de lucro globales para desarrollar empresarios utilizando sus dos libros de capacitación empresarial paso a *paso de 350 páginas titulados StartBook y GrowBook. Evan es el autor principal de estos recursos, que se imprimen en varios idiomas y son utilizados en varios países por excelentes organizaciones asociadas. Mediante estas asociaciones se afirma la dignidad y se despierta esperanza entre los pobres mientras se crean sus propias oportunidades económicas. Tree Work Now Inc desarrolla a sus 25 empleados tanto personal como profesionalmente y crea un valor excepcional para 1.000 clientes cada año, a la vez que aumenta la salud, la seguridad y la belleza de sus árboles. Él ha sido citado por el Orlando Sentinel como el servicio de árboles mejor valorado de Florida Central (como lo demuestran cientos de reseñas de cinco estrellas en línea). A través de la gracia de Dios y el trabajo en equipo creativo, estas dos empresas son un ejemplo del verdadero propósito de los negocios de "servir creando valor". Juntas, promueven el propósito vocacional de Evan de "co-crear negocios y comunidades prósperas."*

Agradecimientos

Un GRAN agradecimiento a la Dra. Carol Keller-Vlangas, Creadora de Bibliografía y correctora de pruebas – Carol utilizó su experiencia como profesora de inglés y educadora de carrera para alimentar a miles de personas con la pasión de desarrollar y utilizar sus talentos para el bien, incluyendo a su hijo Evan.

Proyecto Aldea Global – Esta institución cristiana de microfinanzas de Honduras conectó a Creating Jobs Inc con Carlos Almendares y Leidy Anariba, dos de sus clientes de préstamos. Un agradecimiento especial a Breidy Funes (supervisora de los oficiales de préstamos) quien facilitó nuestras relaciones de tutoría de negocios.

Partners Worldwide – Este líder en la construcción de asociaciones globales para luchar contra la pobreza facilitó nuestras relaciones con Héctor Euceda y Laurent-Fils Cereste. Gracias por su colaboración.

Tree Work Now Inc - Gracias a mi hermano y socio comercial, Dani Keller, y a nuestro gran equipo de Tree Work Now Inc. Al llenar hábilmente algunos de los roles que yo solía desempeñar, ellos potencian el trabajo de Creating Jobs Inc - incluyendo este libro.

 **Creating Jobs Inc** – Sus miembros de la junta, entrenadores principales, organizaciones asociadas y empresarios inspiradores me bendicen con mucha sabiduría e inspiración. ¡Gracias a todos!

Obras Citadas

Alcorn, R. (2003). *Money, Possessions and Eternity.* Wheaton: Eternal Perpectives Ministries/Tyndale House.

Annan, K. (2010). *After Shock.* Downers Grove: Intervarsity Press.

Are You In the Top One Percent of the World? (2020, April 13). Recuperado de Investopedia.com/Articles on Personal Finance: https://www.investopedia.com/articles/personal-finance/050615/are-you-top-one-percent-world.asp

Authors/Elizabeth Barret Browning Quotes. (2020, April 1). Recuperado de Brainy Quote.Com: https://www.brainyquote.com/authors/elizabeth-barrett-brownin-quotes).

Bonhoeffer, D. (1998). *The Cost of Discipleship.* Minneapolis: Fortress Press.

Burlingham, B. (2016). *Small Giants.* New York City: Penguin Random House.

Christianity-Epidemics-2000-Years-Should-I Still Go to Church-Coronavirus. (2020, 03 13). Recuperado de Foreign Policy: https://foreignpolicy.com/2020/03/13/christianity-epidemics-2000-years-should-i-still-go-to-church-coronavirus/

Hood, J. P. (2013). *Imitating God in Christ.* Downers Grove: Intervarsity Press.

Kapic, K. (2018). *The God Who Gives.* Grand Rapids: Zondervan.

Keller, E. (2017). *StartBook.* DeLand: Creating Jobs.

Keller, T. (2012). *Every Good Endeavor.* New York: Penguin Random House.

Lausanne Group. (2020, April 15). *Wealth Creation Manifesto*. Recuperado de Lausanne.org: https://www.lausanne.org/content/wealth-creation-manifesto

Leupp, R. (1996). Knowing the Name of God. In B. Myer, *Walking with the Poor* (p. 101). Downers Grove: Intervarsity Press.

Luther, M. (1970). Lectures on Genesis. *Luther's Works*. St. Louis: Concordia.

Mack, D. (2020, April 22). *Shake Shack Returns: Coronavirus Small Business Loan*. Recuperado de Buzz Feed: https://www.buzzfeednews.com/article/davidmack/shake-shack-returns-coronavirus-small-business-loan

Moo, D. M. (2018). *Creation Care: A Biblical Theology of the Natural World,*. Grand Rapids: Zondervan.

Myers, B. (2011). *Walking with the Poor*. Maryknoll: Orbis Books.

Nelson, T. (2017). *The Economics of Neighborly Love*. Downers Grove: Intervarsity Press.

Piper, J. (2012, January 28). *Let's Be Rich Toward God*. Recuperado de Desiring God: https://www.desiringgod.org/messages/lets-be-rich-toward-god

Poelker, K. (2015, July 25). *Feeling Grateful and Envious*. Recuperado de Tylor and Francis Online: https://www.tandfonline.com/doi/full/10.1080/02673843.2015.1067895"ll/10.1080/02673843.2015.1067895).

Ramsey, D. (2014). *Legacy Journey*. Brentwood: Ramey Press.

Reeves, M. (2012). *Delighting in the Trinity*. Downers Grove: Intervarsity Press.

Sherman, A. (2011). *Kingdom Calling*. Downers Grove: Intervarsity Press.

Sider, R. (1999). *Just Generousity*. Ada: Baker Publishing House.

Singer, P. (2019). *The Life You Can Save*. New York: Random House.

Steve Corbett, B. F. (2009). *When Helping Hurts*. Chicago: Moody Publishers.

Sucesos, H. N. (2020, April 20). *honduras-en-su-casa-en-la-colonia-las-torres-de-la-capital*. Recuperado de elheraldo: https://www.elheraldo.hn/sucesos/791751-299/honduras-en-su-casa-en-la-colonia-las-torres-de-la-capital),

The Corona Virus is a Ticking Bomb for the World's Displaced People. (2020, April 20). Recuperado de Fast Company: https://www.fastcompany.com/90489909/the-coronavirus-is-a-ticking-time-bomb-for-the-worlds-displaced-people

Wax, T. (2015). Prólogo a Worldly Saints. In M. Wittmer, *Worldly Saints* (p. Foreword). Grand Rapids: Zondervan.

Wealth Creation Manifesto. (2020, April 12). Recuperado de Lausanne.org Content: https://www.lausanne.org/conntent/wealth-ceation-manifesto

Willard, D. (2020, April 20). *Christians Build Wealth: Avoid*. Recuperado de The Gospel Coalition: https://www.thegospelcoalition.org/article/christians-build-wealth-avoid/

Wittmer, M. (2004). *Heaven is a Place on Earth.* Grand Rapids: Zondervan.

Wittmer, M. (2015). *Worldly Saints.* Grand Rapids: Zondervan.

Wright, C. (2010, August 5). *The Righteous Rich in the Old Testament.* Recuperado de The Other Journal: https://theotherjournal.com/2010/08/05/the-righteous-rich-in-the-old-testament/

Wright, N. (1996). *The Lord and His Prayer.* Grand Rapids: Erdmans.

www.ingramcontent.com/pod-product-compliance
Lightning Source LLC
Chambersburg PA
CBHW060324050426
42449CB00011B/2640